Unterwegs in Italien

Unterwegs in Italien: Ligurien

Unterwegs in Italien

Ligurien

Geschichtsträchtige Riviera

Fotos: Giovanni Chiaramonte und Toni Nicolini

Mit Ligurien, dem bogenförmigen Landstreifen zwischen Gebirge und Meer, befaßt sich der vorliegende Band der Reihe «Unterwegs in Italien». Dabei unterscheiden wir die Riviera di Ponente westlich von Genua bis zur französischen Grenze und die Riviera di Levante östlich von Genua bis La Spezia.

Ligurien – viele von uns denken da unweigerlich an Meer, trotz ausartendem Tourismus, verschmutztem Wasser, überbauten Ufern. Die Bilder dieses Bandes beweisen es: Das Ligurische Meer hat seinen Zauber bewahrt. Noch immer beeindruckt die Poesie der Landschaft, der Inseln und Klippen, der farbenfrohen Häuser in ruhigen kleinen Buchten.

Gleich hinter der Küste erheben sich die oft unwegsamen Berge. Sie charakterisieren ein ganz anderes Ligurien, eine abgeschlossene, stille Welt intakter Dörfer und Städtchen, die von modernen Eingriffen verschont geblieben ist.

Genua hat gegenwärtig eine der härtesten Bewährungsproben seiner Geschichte zu bestehen. Sein einst wichtiger Hafen stagniert, in der zerfallenden Altstadt sind Renovationen überfällig. Und doch ist die Stadt schön und interessant: Straßen aus dem 16. und 17. Jahrhundert, elegante Villen, eindrucksvolle Paläste und wertvolle Kunstsammlungen zeugen von einer ruhmvollen Vergangenheit.

Das ist die Region Ligurien, die hier in Wort und Bild vorgestellt wird: eine Mittelmeerlandschaft zwischen Bergen und Meer, mit einer großen Stadt, wunderschönen Küsten, einem milden Klima und einem noch völlig unentdeckten Hinterland.

Riccardo Ricas Castagnedi
Präsident des Touring Club Italiano

Fotos:
Giovanni Chiaramonte und
Toni Nicolini

© 1987 der italienischen
Originalausgabe:
Touring Club Italiano (TCI),
Milano

Gesamtredaktion:
Michele d'Innella

Textautoren:
Luigi Barone
Francesco Boggero
Ferdinando Bonora
Fiorella Caraceni Poleggi
Bruno Ciliento
Josepha Costa Restagno
Anna Dagnino
Clario Di Fabio
Paolo Giardelli
Maria Flora Giubilei
Lauro Magnani
Giovanni Murialdo
Piero Ottone
Rinangelo Paglieri
Marco Ricchebono

© 1988 der deutschen Ausgabe:
Kümmerly + Frey, Bern

Übersetzung ins Deutsche:
Dr. Pia Todorović, Allschwil

ISBN 3-259-08755-9

Inhaltsverzeichnis

Ligurien vom Meer her gesehen	Piero Ottone	9
I **Genua und Umgebung**	Fiorella Caraceni Poleggi	15
Der Hafen und die Wirtschaft		23
Die albinianischen Museen		31
Der Castello-Hügel und die Ursprünge der Stadt		37
Piazza San Matteo. Das Leben in der mittelalterlichen Stadt		43
Die Straßen des 16. Jahrhunderts		51
Die Villen	Lauro Magnani	55
Die Industriezone im Westen (Riviera di Ponente)	Maria Flora Giubilei	64
II **Savona**	Marco Ricchebono	69
Das obere Bormida-Tal und Millesimo		75
III **Noli und das Finale**	Giovanni Murialdo	77
Finalborgo und Perti	Marco Ricchebono	86
IV **Das Gebiet von Albenga**	Josepha Costa Restagno	95
Die Altstadt		100
Die Ebene von Albenga		105
Die Täler des Neva und des Pennavaira		108
Das Arroscia-Tal und Pieve di Teco		120
V **Von Imperia nach Ventimiglia**	Francesco Boggero/Rinangelo Paglieri	127
Porto Maurizio und Oneglia	Francesco Boggero	131
Das Argentina-Tal: Taggia und Triora	Rinangelo Paglieri	140
Ceriana	Paolo Giardelli	147
San Remo: Villen, Hotels, Strände	Maria Flora Giubilei	151
Das Nervia-Tal, Dolceacqua	Rinangelo Paglieri	155
Ventimiglia	Bruno Ciliento	159
Villa Hanbury		163
VI **Chiavari und der Tigullio-Golf**	Ferdinando Bonora	165
Portofino und sein «Monte»		181
VII **Von La Spezia zur Lunigiana**	Anna Dagnino	195
La Spezia, die Stadt vom Reißbrett; das Arsenal	Maria Flora Giubilei	201
Die Pfarrkirchen der Cinqueterre	Clario Di Fabio	203
Die mittelalterlichen Hügeldörfer der Lunigiana	Anna Dagnino	231
Wirtschaftlich-soziales Profil Liguriens	Luigi Barone	237

Autoren der Texte S. 84 (San Paragorio): Marco Ricchebono; S. 137 (Cervo): Francesco Boggero; S. 172 (Chiavari) und 190 (Varese Ligure): Ferdinando Bonora; S. 188 (Vara-Tal): Paolo Giardelli; S. 220 (Portovenere): Clario Di Fabio
Autoren der Bildlegenden: Cecilia Lazzeri und Giovanni Silvera

Ligurien vom Meer her gesehen

An klaren Tagen kann man fast ganz Ligurien vom Meer her mit einem Blick umfangen, von Capo Mele bis Punta Bianca. Wer im ligurischen Golf kreuzt, sieht um sich lauter blaues Wasser und ist, wie schon Fernand Braudel, von der glitzernden «plaine liquide» bezaubert. An der Küste zeichnet sich das Profil der Berge ab, ein langer rosa Halbkreis, mit einem weißen Schneesaum im Winter.
Berge sind Liguriens Hinterland, und das Hinterland zählt wenig. Es ist karg, arm, geschichtslos, auch wenn es dem Besucher sehr viel bietet: wunderbare, alpin anmutende Wiesen, riesige Wälder, kaum ein Haus. Dieses Hinterland schützte die Städte jahrhundertelang vor Überfällen; noch im letzten Krieg verschanzten sich dort italienische Partisanen, englische und amerikanische Soldaten.
Das Hinterland ist wirtschaftlich abgeschnitten und spärlich besiedelt. Nur wenige Täler durchschneiden es von Norden nach Süden und sichern die Verbindung zur Poebene, zum Piemont, zur Lombardei und Emilia.
Bald schweift der Blick weiter nach Osten, über Punta Bianca hinaus, zu den beeindruckenden Gipfeln der Apuanischen Alpen. Südlich davon wird die Küste flach. Livorno ist verdeckt durch die Gorgona-Insel, die ganz klar am Horizont erscheint. Weiter in südwestlicher Richtung folgt das gefürchtete Cap Corse – die Nordspitze Korsikas –, oft sturmgepeitscht und von Sturzwellen überflutet; auf Distanz macht es einen friedlichen Eindruck. Das ist also Ligurien vom Meer her gesehen. Nur ein kleiner Abschnitt von Capo Mele bis Ventimiglia entgeht dem Blick. Mächtige Berge schützen Imperia, San Remo und Bordighera, die dank dieser Rückendeckung ein mildes Klima haben. Im Winter, wenn die Poebene im Nebel versinkt und Genua unter der Tramontana leidet, ist der Landstrich zwischen Imperia und der französischen Grenze ein Paradies, ein sonnenverwöhnter Blumengarten mit heiteren Menschen, die das Leben gelassen nehmen.

Klarsichtige Tage sind eher selten; meist verdeckt Dunst einen großen Teil der Landschaft. Vom Westen herkommend, verläßt man gewöhnlich beim steilen Capo Noli die Küste und steuert direkt auf Genua zu. Im Sommer genügen ein, zwei Seemeilen Distanz, um das Festland verschwinden zu lassen. Man hat den Eindruck, auf hoher See zu sein.
Klarsichtigkeit ist ein Vorzeichen von Sturm, deshalb weckt sie beim Seemann gemischte Gefühle von Ekstase und Angst. Es scheint, als wolle die Küste ihre magische Schönheit nur für ein paar Augenblicke offenbaren, um sie dann von hohen schwarzen Strumwellen und Windböen verschlingen zu lassen.
Die Genueser Seeleute, die früher diese Gewässer befuhren, hatten noch ganz andere Sorgen. Der Feind befand sich in Sichtweite. Die Beziehungen zwischen Genua und Pisa waren wohl ähnlich wie die zwischen der Sowjetunion und den USA, nur mit dem Unterschied, daß die UdSSR für die Amerikaner ein abstrakter Begriff ist, während die Genuesen Pisa vor der Haustür hatten. Wenn Pisas Flotte auslief, konnte man in Genua mitverfolgen, wie der Feind, vom Scirocco getrieben, immer näher kam. Einmal, so erzählt man, hatten die Pisaner den Hafen ihrer Rivalen leer gefunden. Ritterlich machten sie kehrt, ohne etwas zu zerstören. Man hielt sich eben an die Spielregeln.
In dieser kleinen Welt war alles begrenzt: Reisen, Handel, Kriege. Korsika rebellierte oft und verlangte die Unabhängigkeit. Die Genueser Seeleute sahen die Umrisse der Insel und fragten sich, was ihre widerspenstigen Untertanen wohl wieder im Schilde führten. In den korsischen Buchten lauerten Piraten, Araber und Türken, immer bereit, Schiffe zu entern oder die Küste anzugreifen. Heute glauben wir, auf einem Pulverfaß zu leben, und vergessen, wie unsicher und gefährlich die Existenz unserer Vorfahren war. Der letzte Angriff an der ligurischen Küste geht auf das Jahr 1941 zurück. An einem

1 *San Salvatore dei Fieschi in der Nähe von Chiavari. Teilansicht der Fassade der Basilika, eines eindrücklichen Beispiels des romanisch-gotischen Stils in Ligurien.*

Februarmorgen fuhren einige Kriegsschiffe der Küste entlang. Sie wurden von mehreren Kontrollpunkten gesehen, erregten jedoch kein Aufsehen, weil man sie für verbündete Schiffe hielt. Als Genua in Schußweite kam, legten sie los. Es waren Engländer. Die Stadt wurde dreimal getroffen. Die italienische Kriegsflotte kreuzte westlich von Korsika, wohl auf der Suche nach dem Feind. Im Gegensatz zu den Pisanern, die eine schutzlose Stadt nicht angreifen wollten, schossen die Engländer in aller Ruhe. Die Spielregeln galten nicht mehr oder hatten sich geändert.

Der Verkehr spielte sich in Ligurien schon immer vorwiegend auf dem Meer ab. Straßen waren rar und schlecht. Bis zur Zeit Napoleons endete die Via Aurelia in San Remo. Wer nach Frankreich wollte, mußte einen gewundenen Saumweg benützen. Pius VII. legte den beschwerlichen Weg in einer Sänfte zurück. Königin Maria Cristina fuhr mit dem Schiff nach Nizza. Doch die Seereise bekam ihr schlecht, und sie ließ ihrem Gemahl, Carlo Felice, mitteilen, entweder komme sie auf dem Landweg oder gar nicht zurück. Daraufhin wurde in Rekordzeit eine Fahrstraße gebaut, auf der noch bis vor wenigen Jahren der ganze Verkehr zwischen Frankreich und Ligurien rollte. Viele Orte waren lange nur vom Meer her erreichbar, so etwa die Cinqueterre (Monterosso al Mare, Vernazza, Corniglia, Manarola, Riomaggiore). Nach San Fruttuoso gelangt man nur über ein steiles Weglein. Die Dorflehrerin kommt jeden Tag mit dem Schiff aus Camogli. Bei stürmischer See fällt die Schule aus.

Kleine Schiffe versorgten früher die bis zu einer Tagesreise auseinanderliegenden Dörfer. Der Schiffer ging an Land und pries seine Ware an. Doch auch der Seeverkehr war schwierig, denn es gab nur wenige geschütze Buchten: le Grazie, Portovenere, Vernazza, Sestri, Portofino, Camogli, Arenzano, Alassio, San Remo.

Die meisten Ligurer lebten isoliert in kleinen Dörfern, zwischen Gärten, Reben und Olivenbäumen. Als Byron und Shelley im letzten Jahrhundert den prächtigen Golf zwischen Palmaria und Lerici entdeckten, befand sich an der Stelle des heutigen La Spezia ein kleines Dörfchen mit 3000 Einwohnern. Eine andere Gruppe von Engländern stieß auf der Rückreise von Ägypten ganz zufällig auf ein armes, gottverlassenes Fischerdorf: Portofino. Diese jahrhundertelange Abgeschlossenheit hat die Ligurer geprägt. Sie sind scheu, verschlossen, mißtrauisch. Um so rätselhafter, daß dieselben Menschen mehrmals aufgebrochen sind, um ferne Länder zu erobern und Kontinente zu entdecken; es ist sicher kein Zufall, daß Kolumbus Genuese war. Die Historiker nennen wirtschaftliche und ethnische Gründe. Doch letztlich kann man kaum erklären, was die seßhaften Ligurer zum Abenteuer trieb und sie im Laufe eines Jahrtausends dreimal wahre Wunder vollbringen ließ.

Ausgangspunkt der Unternehmungen war Genua. Die Stadt entstand in vorrömischer Zeit auf einem engen Freiraum zwischen dem Gebirge und dem Mündungsgebiet der Flüsse Bisagno und Polcevera. Sie zog aus ihrer Lage immer große Vorteile, denn wer vom Tyrrhenischen Meer her in die Poebene wollte, mußte notgedrungen über Genua reisen. Den Genuesen ging es also an ihrem angestammten Platz gut. Warum also der Drang nach Osten, in die Ägäis, nach Zypern, ins Schwarze Meer? Rationale Gründe können es nicht gewesen sein. Schon eher eine verborgene Neigung zum Abenteuer. Auch die Kreuzzüge möge das Ihre dazu beigetragen haben, doch die Ligurer standen nie ganz hinter der Eroberung des Heiligen Landes, und wenn sie mitmachten, taten sie es kaum aus religiösen Gründen.

Die Orientunternehmen waren für die damalige Zeit etwas Unerhörtes. Genua war eine kleine Stadt, der Hafen rudimentär: weder Kais noch Piers, nur ein Schutzdamm gegen den Libeccio (Südwestwind). Das Laden und Löschen der Segelschiffe war arbeitsintensiv. Kleine Schaluppen brachten die Waren heran, und dann taten die

vielen Handlanger ihre Arbeit. Schließlich stachen die Schiffe in See und hatten mit den launischen Winden des Mittelmeers zu kämpfen.
Die Reise war unendlich lang: Capraia, Elba, Ponza, die Meerenge von Messina, das Ionische Meer, der Peloponnes, Kreta, die Ägäis mit dem gefürchteten Sturmwind Meltemi. Am Ende der Reise erreichte man die lebhaften Städte des Orients mit ihrem Luxus und ihrer hochentwickelten Kultur. Auf diesen Fahrten bewiesen die Genuesen, daß sie Abenteuergeist und Mut besaßen. Ihre Schiffe passierten bald auch die Meerenge von Gibraltar, sie waren im Atlantik anzutreffen, an den Küsten Afrikas, Irlands, Englands und Flanderns. Der bereits zitierte Kolumbus war alles andere als ein Ausnahmefall. Alles strebte zum Atlantik, als sei das Mittelmeer zu klein geworden. Viele hatten vor Kolumbus daran gedacht, Indien westwärts zu suchen. Allerdings setzte er als erster (wenn auch in spanischen Diensten) die Pläne in Taten um und entdeckte schließlich – rein zufällig – eine neue Welt.
Für Genua bedeutete die Entdeckung Amerikas den Beginn einer zweiten Blütezeit. Im 16. Jahrhundert lieferte die Stadt dem reichgewordenen Spanien Flotte und Finanzen. Reiche Genuesen, allen voran Andrea Doria, stellten ihre Schiffe in den Dienst Karls V. und Philipps II. Als große Kondottieri kämpften sie für Habsburg-Spanien gegen die Türken, gegen Süleyman den Prächtigen, der jeden Sommer eine neue Flotte gen Westen schickte. Sie hielten ganz Nordafrika in Schach, verfolgten Piraten und Korsaren, verteidigten Sizilien, Sardinien, Malta, Algier. Das alles brachte Geld. Die Genuesen bauten damit prächtige Paläste, die sie mit Bildern, Silber und Möbeln füllten. Ein Teil des Reichtums ging als Darlehen an den spanischen Königshof und an den spanischen Adel. Die Spanier liebten die Genuesen zwar nicht, doch zollten sie ihnen Respekt. Karl V. ermahnte seinen Sohn Philipp, es mit Genua, «dieser wichtigen Stadt», nicht zu verderben und den Bau der «verhaßten Festungen» zu unterlassen. Die Genuesen erhielten Steuerpacht, Salzlizenz, Titel und Besitzungen in Süditalien.
Im 19. Jahrhundert erlebte die Stadt dank der Industrie eine dritte Blütezeit. 1846 begann man mit dem Bau einer Bahnverbindung. Mit Staatshilfe wurde eilig die Firma Taylor & Prandi gegründet, die das rollende Material produzierte. Im Jahre 1852 kaufte der Staat sie auf und übergab sie einem berühmten «Viererrat»: Carlo Bombrini, Raffaele Rubattino, Giacomo Filippo Penco und Giovanni Ansaldo. So entstand die Ansaldo, die Anfang des 20. Jahrhunderts das damals größte italienische Industriepotential aufbaute, mit Berg- und Stahlwerken, Werften, Auto- und Waffenfabriken. Nach dem Ersten Weltkrieg machte die Firma bankrott. Nach und nach gerieten die ligurischen Wirtschaftszweige in die Krise, von den Werften bis zu den Blumenkulturen an der Riviera di Ponente.
Ligurien gleicht heute in mancher Hinsicht verarmten Adligen, doch zum Glück haben sich die Menschen ihre «douceur de la vie» bewahrt. Sie leben in einer Gegend, die trotz Bauwut noch immer zu den schönsten der Welt zählt. Die Ligurer sind liebenswert, stolz, zurückhaltend, eben ein bißchen anders als die übrigen Italiener, wie schon Dante feststellte.
Die älteste Fußballmannschaft, der älteste Yachtklub Italiens... Die Genuesen leben ruhig zwischen den Zeugen ihrer ruhmreichen Vergangenheit und reisen weiterhin in Geschäften rund um die Welt – wie schon Kolumbus sagte: «Für einen Genuesen ist die Welt klein.»

I Genua und Umgebung

Genua weckt bei den meisten Italienern eher zufällige Vorstellungen wie Marmorstadt, Mittelmeerhafen, Riviera, südlicher Punkt des Industriedreiecks Turin–Mailand–Genua, Touristenmagnet Staglieno (Friedhof), geschichtsträchtige Seerepublik. Die periphere geographische Lage der Stadt und die Überbauung der Randgebiete bringen es zudem mit sich, daß Besucher den Eindruck haben, Genua bestehe aus lauter Mosaiksteinen, die keinen Zusammenhang unter sich haben.

Wer von der Poebene über den Giovi-Paß kommt, vermißt das Gefühl der Annäherung an eine langsam aus der Ebene auftauchende Stadt. Einzig der meist nebelfreie, lichte Himmel läßt Genua erahnen. Nach Erklimmen der Hügelkrone – eines natürlichen Amphitheaters aus Mergel und Kreide – durchfährt man 10 km Industrieperipherie und befindet sich schon an den Anlegestellen der modernen Fähren. Für viele Touristen ist Genua hier zu Ende, und doch haben sie schon ein recht großes Stück der Stadt gesehen.

Im 16. und 17. Jahrhundert ließ man die illustren Reisenden erst in Campi, an der Mündung des Polcevera, übernachten. Am folgenden Morgen zogen sie in die Stadt ein, nicht ohne vorher von der Villa Andrea Doria aus die herrliche Aussicht genossen zu haben. Dieses Panorama ist größtenteils erhalten geblieben: der Stadtkern mit seinen alten und neuen Vierteln, davor die mittelalterliche Commenda di San Giovanni di Pré, der Palazzo San Giorgio, das alte Hafenviertel, ein dichtes Gewirr von Dächern und romanischen Spitztürmchen, ein paar Wolkenkratzer und die monumentale Kuppel von Santa Maria di Carignano. Links der Fascia-Berg und davor, auf den Hügeln, Siedlungen aus dem 19. Jahrhundert. Genuas Rolle als Eingangstor zur Poebene fand ihren Niederschlag auch in einer falschen mittelalterlichen Etymologie, die Genua von Janna (Janus, römischer Gott des Tordurchgangs) ableitet. Die Superba, wie Genua genannt wird, zog Nutzen aus dieser Lage. In den größeren Orten der Zufahrtstäler wurden überall Herbergen für die Säumer errichtet. In fünf von acht Dörfern des Polcevera-Tals lebten lauter Maultiertreiber. In Genua selbst mußten die Kaufleute Wegzoll entrichten; erst dann hatten sie durch das West- und Osttor (San Tomaso und Porta Aurea) Zutritt zu den Märkten von Banchi, Soziglia und San Giorgio. Diese Marktstrukturen bildeten – nicht zufällig – die einzig wirklich öffentliche Gemeinschaftszone.

Der Zoll wurde im Palazzo del Mare untergebracht, der ehemaligen Residenz des ersten Capitano del Popolo, Guglielmo Boccanegra. Die politischen Machthaber wohnten – der oligarchischen Tradition entsprechend – lange Zeit in den Privatpalästen rund um die Kathedrale und den Bischofspalast. Das eigentliche Regierungszentrum, der Palazzo Ducale (Dogenpalast), wurde bezeichnenderweise erst im 16. und 17. Jahrhundert vollendet.

Vom Meer her gesehen wirkt Genuas Silhouette sehr beeindruckend. Vor dem Bergkranz erhebt sich die monumentale Stadt mit ihren Mauern – ein begeisterndes Bild, so richtig gemacht für ein Reisetagebuch. Die Erhebungen ringsum scheinen nur gerade Raum zu lassen für den Küstenstrich von Voltri bis Sampierdarena im Westen und das Gebiet von Nervi bis zur Landzunge von Portofino im Osten.

Dieses Genua hat Petrarca bezaubert und all die ankommenden Seefahrer, die sich die Stadt beim Näherkommen als eine ununterbrochene Reihe von Palästen, Gärten, Kirchen und Klöstern vorstellten. Doch in Wirklichkeit hat Genua diesem touristisch-literarischen Bild nie entsprochen.

Offizielle Ansichten aus dem 17. Jahrhundert zeigen nicht nur die Stadt vor ihrem befestigten Bergrücken, sondern auch die tiefeingeschnittenen nördlichen Seitentäler, die in die Poebene führen. Auf dem Höhepunkt seiner finanziellen und politischen Macht zählte Genua diese Gebiete ganz selbstverständlich zu seinem Territorium.

S. 12/13
2 Die Altstadt von Genua rund um den Alten Hafen.

3 Wie Theaterkulissen reihen sich diese Häuser am Corso Paganini und Corso Firenze aneinander. Die beiden wichtigen Straßen verbinden hochgelegene Viertel der Stadt.

4 Piazza Corvetto, vom Dinegro-Park aus gesehen; im Zentrum die Reiterstatue für Vittorio Emanuele II. von Francesco Barzaghi.

Doch die Nordtäler waren arm, eng und steil, sie brachten keinen Ertrag und wurden deshalb vom finanzkräftigen Genueser Bürgertum nie landwirtschaftlich erschlossen. Hingegen eigneten sie sich dank ihrer Wasser- und Holzreserven als Standorte für Industriebetriebe. Die Täler des Stura und des Scrivia produzierten Papier und Eisen, das obere Bisagno-Tal und Fontanabuona spezialisierten sich auf Textilien, insbesondere Seide.

Um diese Unternehmen finanzieren zu können, entzog man im Jahrhundert der Genueser Bankiers dem Transithandel Gelder. Dadurch geriet die Wirtschaft der von Genua abhängigen Täler aus dem Gleichgewicht. Die Bevölkerung wich auf Selbstversorgung aus, legte große Kastanienwälder an und schränkte, wegen der fehlenden Weideplätze, die Viehzucht ein. Mittellose Bergbauer kamen scharenweise nach Genua. Einige fanden Arbeit als Gärtner in den Villen an der Küste, doch die meisten waren arbeitslos und stifteten Unruhe. Stadtverwaltung und Adel beschlossen, diese Habenichtse wenigstens teilweise zu beschäftigen. So entstand in der zweiten Hälfte des 17. Jahrhunderts das eindrückliche «Albergo di Poveri» (Armenherberge), gleichzeitig der erste Schritt zur Urbarmachung der Hügelzone oberhalb der vornehmen Viertel aus dem 16. Jahrhundert. Die majestätische Lage über der Stadt und die ungewöhnlich wirkungsvolle Anfahrt (lange Allee, die in eine Freitreppe mündet) symbolisieren den Willen Genuas, seine schwindende Macht wenigstens äußerlich zur Schau zu stellen.

Der neue Mauerring von 1684 hatte nicht alle Verteidigungsprobleme gelöst, so daß der Artilleriebeschuß durch Ludwig XVI. die Dächer vieler Paläste und romanischer Kirchen abdeckte. Ebensowenig hatte er günstige Voraussetzungen für die Überbauung der Hügelzone geschaffen.

Erst 1642 ersetzte die neue Via Giulia (später Via XX Settembre) eine längst nicht mehr genügende mittelalterliche Verbindungsstraße zwischen den östlichen Vierteln der Steinmetze und der Wollfärber, wo sich um die Benediktinerabtei Santo Stefano viele Handwerker niedergelassen hatten, darunter im 15. Jahrhundert auch die Familie Colombo. Die neue Straße erlaubte den Bauern und Hirten aus den umliegenden Tälern, leichter in die Stadt zu gelangen, wo sie täglich Gemüse, Milch und Käse verkauften. Sie diente auch dem Adel, der vom Mai bis zum Spätherbst Genua verließ, um den Sommer in den prachtvollen Villen von Albaro zu verbringen. Noch 1773 mußte der Doge G.B. Cambiaso den Saumpfad Sampierdarena–Val Polcevera–Bolzaneto auf eigene Kosten befahrbar machen. Wenige Jahre danach entstand als letztes Werk des autonomen Genua die Strada Nuovissima (heute Via Cairoli).

Nach dem Fall der Republik ließ Napoleon die Via Aurelia anlegen und schuf damit endlich eine Verbindungsstraße zwischen den Küstenorten. Der Wiener Kongreß teilte Genua den Savoyern zu, die sich gleich daranmachten, das Straßennetz in der Stadt und deren Umgebung zu erweitern. Die oligarischen Machtstrukturen hatten in Genua zu einer wirtschaftlichen Krise und zu einer Stagnation des Bevölkerungswachstums geführt. Doch nun begann sich die Erstarrung langsam zu lösen, und die Stadt brauchte mehr Platz. Der Vergrößerungsplan des Architekten Carlo Barabino aus dem Jahre 1825 sah deshalb drei neue Wohnviertel vor: auf dem Hügel von Carignano, im östlichen Vorort San Vincenzo und in Acquasola. Damit war die zukünftige städtebauliche Entwicklung (Ausdehnung Richtung Riviera di Levante und auf den Hügeln) schon vorgegeben. Das moderne, weite Genua war geboren. Zwischen 1825 und 1840 entstand ein stark befahrener Ring um die Altstadt, der unten am Hafen begann (Via Carlo Alberto, heute Via Gramsci), dann senkrecht zum Meer verlief, entlang der Via San Lorenzo (Kathedrale), und bei der Piazza De Ferrari (Ostflügel des

5 Genua, vom Meer her gesehen. Im Vordergrund Hafenanlagen.

Dogenpalastes) in die Via Carlo Felice (heute Via XXV Settembre) einbog.
Die Piazza De Ferrari wurde mit ihrem neoklassizistischen Opernhaus Carlo Felice sowie den Banken und Firmensitzen zum Mittelpunkt der modernen Stadt. Sie ist es bis heute geblieben, obwohl sich die städtebauliche Entwicklung nach der Zuschüttung der Bisagno-Mündung (1930–1940) in die Riviera di Levante verlagert hat.
Die Industrie konzentrierte sich ganz massiv in der ehemals autonomen Riviera di Ponente, während die Riviera di Levante und das Bisagno-Tal dem Bauboom zum Opfer fielen.
Verschiedene Eingriffe (Verlängerung der Straße zum Hafen, Umfahrungsstraße, Galerien, Hochstraße) haben die einstige architektonische Geschlossenheit Genuas zerstört und die Stadt zu einer Art Durchgangszone degradiert.
Stadtverwaltung und Kulturverantwortliche bemühen sich, einen Mittelweg zwischen Vergangenheit und Gegenwart zu finden. Man baut intensiv, um den akuten Mangel an Hotels und Geschäftsräumen zu beheben. Daneben versucht man, das Alte zu bewahren und zu beleben, etwa durch Restauration (Opernhaus, Palazzo Ducale) oder Schaffung von Fußgängerzonen (Strada Nuova). Die Altstadt möchte man gern wieder zum Wohnviertel machen, ohne jedoch ihr traditionelles Gepräge zu verunstalten.

Genua und Umgebung

Der Hafen und die Wirtschaft

Eilige Besucher Genuas mögen die Kais nur in der Ferne erahnen, doch der Hafen war immer das zweite Gesicht der Stadt. Es gab nie eine getrennte Entwicklung – Hafen und Stadt hatten dasselbe Schicksal. Diese unauflösliche Bindung kam schon in der mittelalterlichen Hafenbehörde (Magistrato dei Conservatori del Porto e del Molo) zum Ausdruck, die nicht nur die Hafenanlagen, sondern auch die sonstigen öffentlichen Bauten der Stadt verwaltete. Im Jahre 1283 wurde die natürliche Mole durch zahlreiche Eingriffe bis nach Capo del Faro verlängert (der berühmte Leuchtturm, die Lanterna, entstand 1534). Durch den Bau des 372 m langen Molo Nuovo versuchte man 1642 die Bucht vor dem gefürchteten Südwestwind (Libeccio) zu schützen. Trotzdem zerstörte ein schrecklicher Seesturm noch 1821 40 vor Anker liegende Schiffe. Eine Schenkung des Herzogs Raffaele De Ferrari von Galliera ermöglichte 1821 den Bau des Molo Galliera und somit die endgültige Ausformung des Alten Hafens (Porto Vecchio).

Zu Beginn des 20. Jahrhunderts (1903) schuf das «Consorzio Autonomo del Porto di Genova» in den landeinwärts gelegenen Zonen des Alten Hafens beeindruckende Strukturen, die von unternehmerischem Ehrgeiz zeugen.

Ende des 16. Jahrhunderts (1590), als im Mittelmeerraum eine große Hungersnot herrschte, hatte die Republik Genua einen ersten Freihafen gegründet für alle Schiffe, die Lebensmittel aus den nördlichen europäischen Ländern herbeitransportierten. Ein zeitgenössischer Historiker berichtet, daß damals täglich über 200 Schiffe vor Anker gingen. Im Jahre 1658 wurde der Hafen von Genua zum «Portofranco generalissimo» erklärt, weil man dadurch die Konkurrenz von Livorno und Marseille auszuschalten hoffte. In den Hallen dieses Freihafens neben dem Palazzo San Giorgio lagerten in jenen Jahren die verschiedensten Waren, von Kaffee, Zucker, Kakao, Gewürzen bis hin zu Porzellan und Lyoner Seide.

Das alte Hafenbecken aus dem Jahre 1283 mit seinen 17 250 m^2 Wasserfläche dient noch heute als Lagerareal. Daneben, unter dem Schutzdach des Arsenals, waren einst die Galeeren der Genueser Adligen vertäut, die seit den Tagen Andrea Dorias ihre Privatflotten in den Dienst der europäischen Großmächte stellten. Übergeordnete Interessen hatten dabei das Nachsehen.

In unserem Jahrhundert begann für Genua eine Zeit großer Staatsaufträge für die Werft Ansaldo. Die übertriebenen Verstaatlichungen erstickten bis vor wenigen Jahren jede Privatinitiative. Trotzdem haben die Genueser Werften in der Zwischenkriegszeit mit ihren Überseeschiffen wahre Meisterwerke geschaffen. In jenen Jahren erhielt der alte Passagierhafen mit der neuen Stazione Marittima (1930) ein internationales Gepräge.

Heute verfügt der Hafen von Genua über 225 ha Festland- und 453 ha Wasserfläche, 28 km Kais und 19 km Schutzdämme. Das Hafengelände umfaßt an der Riviera di Ponente den Container-Hafen von Voltri (seit 1972 im Bau), den Ölhafen von Multedo, das Stahlwerk Italsider, die Kais von Sampierdarena (1928–1940), die Molen der «Lanterna» und des Porto Vecchio; an der Riviera di Levante folgt der Kai delle Grazie mit den Markthallen der Fiera del Mare. Am meisten wird gegenwärtig in den Containerbereich investiert, der ständig expandiert (allein 1984 wurden über 300 000 Container abgefertigt), denn die Zukunft des Hafens und der Stadt hängt davon ab, ob es gelingt, genügend Raum zu vernünftigen Preisen anzubieten.

S. 20/21
6 Der Passagierhafen; vor Anker die Fähre «Tirrenia» und das Kreuzfahrtschiff «Eugenio Costa». Dieses Bild verdeutlicht, wie knapp der Raum zwischen Stadt und Hafen ist und auf welche Hindernisse alle Erweiterungspläne stoßen.

7 Die «Torre della Lanterna» entstand 1543 auf den Überresten der Festung Briglia; sie ist der Hauptleuchtturm des Hafens und beherbergt die «Stazione Segnali», die alle Ein- und Ausfahrten überwacht.

S. 24/25
8   Der Container-Hafen mit zwei Hebekränen. Hohe Gebühren und Mangel an Lagerraum ließen den Container-Bereich in Genua ins Hintertreffen geraten, zum Vorteil der Konkurrenz-Häfen Livorno und La Spezia, die den Transportfirmen günstigere Angebote machen.

9, 10   Thunfische werden von einem Fischkutter auf Kühllastwagen verladen. Dies ist eine der wenigen Arbeiten, bei denen noch Hafenarbeiter zum Einsatz kommen; sonst überwiegen Kräne, Hebevorrichtungen, Roll-on/Roll-off-Transport, die Handarbeit überflüssig machen. Der traditionelle Beruf des Hafenarbeiters ist heute einem sehr schnellen Wandel unterworfen.

S. 28/29
11 Abendstimmung im
Güterbahnhof am Hafen.

Die albinianischen Museen

Die Auflösung der Republik Genua setzte einen politischen Schlußstrich unter den Machtzerfall der herrschenden Schicht. Die Paläste der Adelsfamilien wurden verkauft, die wertvollen Kunstschätze verstreut. Nur wenige große Sammlungen blieben erhalten und sind heute in Adelspalästen – also in ihrem angestammten Rahmen – der Öffentlichkeit zugänglich. Das gilt für die Nationalgalerie, die in zwei wunderschönen Palazzi untergebracht ist: im Palazzo Reale, dem ehemaligen Palazzo Durazzo, der 1824 an die Savoyer ging, und im Palazzo Spinola, den der letzte Marchese Spinola 1958 dem italienischen Staat vermachte. Im Jahre 1874 schenkte Maria Brignole-Sale, Herzogin von Galliera, der Stadt Genua den Palazzo Rosso (Roter Palast) mit all seinen Kunstschätzen. Ihre Familie hatte den herrlichen Adelssitz 1672–1679 im letzten Teilstück der Strada Nuova erbauen lassen. Zur ersten Schenkung kam 1875 der Palazzo Bianco hinzu, der seither der Stadt als Ausstellungsraum zur Verfügung steht.

Mit der Einrichtung eines Museums im Palazzo Rosso wurde 1951 Franco Albini betraut, zusammen mit Caterina Marcenaro von der Akademie der Schönen Künste. Albini legte prachtvolle Fresken frei (von Domenico Piola, Gregorio De Ferrari, Bartolomeo Guidobono, Paolo Gerolamo Piola), öffnete zugemauerte Loggien, entfernte Zwischenwände und Hängeböden und gab damit dem Palast aus dem 17. Jahrhundert seine ursprüngliche Helle und Großzügigkeit zurück. In diesem Rahmen kann man nun die Bildersammlung der Brignole sehen, die typisch ist für Kultur und Kunstsinn des Genueser Adels im 17. und 18. Jahrhundert.

Anders war die Ausgangslage beim Palazzo Bianco (18. Jahrhundert), der als Ganzes viel nüchterner wirkt (keine Fresken, kein Innendekor). Er hatte im Zweiten Weltkrieg stark gelitten und wurde nach einer zwar geschichtsbewußten, aber unaufdringlichen Restauration zum Sitz der städtischen Pinakothek, die dort eine didaktisch vorbildliche Abteilung mit Werken flämischer Meister einrichtete (Gerard David, Hugo van der Goes, Jan Provost, Joos van Cleve, Jan Metsys, Peter Paul Rubens und Anthonis van Dyck).

Daß die Genueser Museen plötzlich zur Avantgarde gehörten, verdanken sie vor allem dem kleinen Domschatz-Museum, das der Architekt Albini im Hof des erzbischöflichen Palais baute: ein zentrales Sechseck und daran anschließend drei verschieden große Tholoi (Rundsäle) nach griechischem Vorbild. Ausgestellt sind Meisterwerke genuesischer und anderer Goldschmiedekunst, Sarkophage, Statuen, Altardecken, Chormäntel, Kreuze, Reliquiare, Kelche.

Im großen Kloster Sant' Agostino (Kirche und zwei Kreuzgänge aus dem 14.–16. Jahrhundert) wurde 1985 das Museum für Architektur und Skulptur Liguriens eröffnet. Franco Albini und Franca Helg hatten die im Zweiten Weltkrieg stark zerstörte Anlage nach modernen Kriterien restauriert und daraus ein Museum und einen Ort der Begegnung gemacht.

Für Genua ist dieses Museum bedeutungsvoll, denn es stellt nicht nur künstlerisch bedeutende Werke aus (z.B. Statuen von Giovanni Pisanos Grabmal der Margarete von Brabant), sondern ist auch Brennpunkt neuentdeckter urbaner Werte in diesem lebhaften und geschichtsträchtigen Stadtteil.

12 Atrium und Innenhof des Palazzo Bianco in der Via Garibaldi (ehemals Strada Nuova). Die Residenz der Familie Brignole-Sale entstand 1714 anstelle eines Grimaldi-Palastes aus dem 16. Jahrhundert und ist heute Sitz einer der bedeutendsten öffentlichen Kunstsammlungen der Stadt. Im Vordergrund Marmorstatuen des Jupiter und des Janus von Pierre Franqueville.

13 Im zweiten Stock des Palazzo Rosso; der vergoldete Holzrahmen des großen Spiegels und die Holzengel rechts stammen aus der Werkstatt von Filippo Parodi (ca. 1680).

14 Ausschnitt aus einem Deckenfresko.

15 Perspektivisch gemalte Scheinarchitektur von Antonio Maria Haffner.

S. 34/35
16 Der dreieckige Kreuzgang des Klosters Sant' Agostino, heute Sitz eines Museums. Die schwarzweißen Säulen passen zur Fassade der gotischen Kirche, deren Campanile mit mehrfarbigen Majolika-Platten verkleidet ist.

14

15

Der Castello-Hügel und die Ursprünge der Stadt

Zwischen dem 6. und 3. Jahrhundert v.Chr. bevölkerten die Ligurer den Raum von Genua, wie die Nekropolen von San Lorenzo, Sant' Andrea und Santo Stefano belegen. Allerdings bauten sie kaum richtige Siedlungen, sondern Durchgangsstationen für den Paßverkehr über den Apennin.

In der Talsenke von Chiavica nördlich des Castello-Hügels ließen sich um 100 v.Chr. die Römer nieder. Die Kolonie, die nie große Bedeutung erlangte und auch keine monumentalen Spuren hinterlassen hat, ist ein erstes Beispiel für die chronische Abneigung jeder ligurischen Hauptstadt, sich in ein höheres, militärisches und wirtschaftliches System einzuordnen. Die rechtwinklige Anlage dieser ersten Civitas entsprach auch kaum einem richtigen Castrum.

Bis ins Mittelalter war Genua eine Garnison, die zur Zeit der Byzantiner und Langobarden (6.–8. Jahrhundert) neu befestigt wurde. Ende des 9. Jahrhunderts begann der Kampf gegen die arabische Vorherrschaft an den tyrrhenischen Küsten (zu diesem Zeitpunkt war die arabische Eroberung Siziliens abgeschlossen).

Die Karolinger bauten die erste Befestigungsmauer und sicherten so eine der verletzlichsten Stellen ihres Reiches. Dieser Wall begann bei der Porta Castri, kletterte 40 m den Hügel hoch bis zur Porta Superana (Osttor), machte einen Bogen um die Mailänder Kolonie Sant' Ambrogio und die Kathedrale San Lorenzo und verlief dann bergabwärts nach Ripa mit dem Westtor San Pietro.

Im 11. Jahrhundert verließen immer mehr adelige Feudalherren ihre Burgen im Hinterland und ließen sich möglichst in Stadtnähe nieder, in den Siedlungen um die Klöster San Siro und Santo Stefano. Doch nur wer direkte Beziehungen zum König oder zum Bischof hatte, durfte innerhalb der Stadtmauern, rund um die Kathedrale oder auf dem Castello-Hügel wohnen. Dort schuf die bedeutende Familie Embriaci ihr Mikrosystem von Wohnraum und Verteidigungsbauten, das heute noch in Ortsnamen und Ruinen ersichtlich ist. Inzwischen drangen genuesische Schiffe nach Osten vor, was der Stadt wirtschaftlichen Aufschwung und Bevölkerungszuwachs brachte. Im Jahre 1099 erhielt zudem der ganze Feudaladel Wohnrecht in der Stadt. Die alte Befestigung hatte ihre abgrenzende Funktion verloren, die neue Mauer (1155–1161) ließ denn auch im Westen viel mehr Freiraum.

Der Castello-Hügel wurde als Sitz großer Klöster zum kulturellen Mittelpunkt. An der Stelle eines alten Marienheiligtums bauten Künstler aus den Tälern um Como im ersten Viertel des 12. Jahrhunderts die dreischiffige Basilika Santa Maria di Castello. Die Stilelemente sind typisch für die italienische Romanik: drei Portale, Kapitelle aus römischen Spolien, Blendarkaden am Hauptportal.

1441 kam die Kirche in den Besitz des Dominikanerordens und erhielt ein Kreuzgewölbe. Im Langhaus stifteten die Adelsfamilien Kapellen, in denen die besten ligurischen Künstler arbeiteten. Das Kloster selbst hat drei Kreuzgänge, die 1960 sorgfältig restauriert wurden.

Der Klosterkomplex von Santa Maria di Castello stand im Zentrum der Sakralbauten auf dem Castello-Hügel. Weiter nördlich siedelten sich im Laufe der Zeit Augustinerinnen (Santa Maria in Passione) und Dominikanerinnen (San Silvestro) an. Im Zweiten Weltkrieg wurden diese Klöster stark in Mitleidenschaft gezogen. Doch einiges ist glücklicherweise erhalten geblieben: der Majolika-Campanile von Sant' Agostino, die romanische Kirche San Donato mit ihrem achteckigen Vierungsturm und den wunderschönen Triforien, die schlanken Spitztürmchen von Santa Maria in Passione und San Silvestro.

17 Blick auf den Castello-Hügel. Rechts erkennt man die Alte Mole.

18, 19 Schmuckelemente an der Fassade des Palazzo San Giorgio, dessen mittelalterliche Gebäudeteile auf das Jahr 1260 zurückgehen und der 1570 zum Meer hin erweitert wurde.

20   Viele Häuser in Genuas Altstadt sind in sehr schlechtem Zustand. Ihre Restaurierung gehört zu den dringlichsten Aufgaben der Stadtverwaltung.

21 An der Piazza Banchi befand sich das eng mit dem Hafen zusammenhängende Geschäftszentrum Genuas. Auf dem Bild die «Loggia dei Mercanti» (Halle der Kaufleute), die 1589–1595 erbaut wurde und nach einer Totalrestauration im Jahre 1839 die erste italienische Warenbörse beherbergte.

22
23

Piazza San Matteo. Das Leben in der mittelalterlichen Stadt

Im Laufe des 13. Jahrhunderts nahm des mittelalterliche Genua seine endgültige Gestalt an, sowohl in städtebaulich-architektonischer Hinsicht als auch in bezug auf die weltlichen und kirchlichen Verwaltungsstrukturen. Allerdings fehlte ein eigentlicher öffentlicher Platz, wie ihn die andern mittelalterlichen Städte Italiens haben, und bis zum Ende des 13. Jahrhunderts kannte Genua auch keinen offiziellen Regierungspalast. Einen Ausgleich zu diesem Mangel schufen die zahlreichen *curiae* des Adels, Privatplätze, um die sich Familienkirche, Verteidigungstürme, Herrschaftshäuser und Gesindeunterkünfte scharten. Diese Bollwerke waren Ausdruck der wirtschaftlichen und politischen Macht einiger weniger Familien, die in der Stadt das Sagen hatten. Sie symbolisierten jenen angeborenen Hang zum Privaten, der die Geschichte der Republik Genua fast wie ein roter Faden durchzieht und der zu einer Art «Privatisierung» der Stadtfläche geführt hat. Noch im 13. Jahrhundert waren politische Ämter, Verwaltung und Justiz in der Regel in Privatgebäuden untergebracht. Eigentlicher städtischer Mittelpunkt, Forum und Basilika zugleich, war die Kathedrale San Lorenzo. Die Regierungsformen unterlagen damals schnellem Wechsel und waren Ausdruck sozialer Dynamik, verschärfter politischer Machtkämpfe und immer engerer Verstrickung in das politisch-wirtschaftliche Schicksal Italiens, Europas und des Mittelmeerraumes.
Eines der bedeutendsten und besterhaltenen Beispiele genuesischer Architektur des 13. Jahrhunderts ist die Piazza San Matteo, die *curia* der mächtigen Familie Doria. Sie liegt im Norden der Kathedrale in einem ehemals von Ghibellinen (Kaisertreuen) dominierten Stadtteil, dem dank einem nahen Stadttor auch strategische Bedeutung zukam. Den rechteckigen und eher kleinen Platz säumen mehrstöckige Paläste, deren unterer Teil nach mittelalterlicher Bautradition durch Bogengänge aufgelockert ist. Einer dieser

22, 23 Piazza San Matteo mit der Kirche San Matteo und Palästen der Doria aus dem 13.–15. Jahrhundert. Das romanisch-gotische Gotteshaus wurde im 16. Jahrhundert innen vollständig umgestaltet.

24 Der Dom San Lorenzo mit seiner schwarzweißen Streifenfassade, die für die mittelalterliche genuesische Architektur so typisch ist.

Palazzi (ca. 1278) gehörte dem Feudalherrn von Torres (Sardinien), jenem Branco, den Dante im 33. Gesang der Hölle erwähnt; in einem andern wohnte Domenicaccio; einen dritten schenkte die Stadt Lamba Doria, der 1298 bei Korčula (Jugoslawien) die venezianische Flotte besiegt hatte; ein vierter kam 1528 in den Besitz des Andrea Doria.

Den östlichen Abschluß der Piazza bildet die 1125 erbaute Kirche San Matteo. Das ganze Ambiente wirkt sehr geschlossen. Beeindruckend sind vor allem die zweifarbigen Fassaden aus weißem Marmor und dunkelgrauem Kalkstein, die sonst der Kathedrale vorbehalten waren. Doch die Doria wollten an der Piazza San Matteo sich selbst in Szene setzen: Häuser, Farben, Schmuckelemente, Inschriften verherrlichen die Geschichte der Dynastie und ihre maßgebliche Rolle in den Geschicken der Republik Genua. Durch Verwendung römischer Spolien gaben sich die Doria einen klassischen Nimbus, was auch im Kloster San Fruttuoso in Capodimonte (zwischen Camogli und Portofino) zum Ausdruck kommt, das seit dem 13. Jahrhundert Grabstätte der Familie war.

Die Doria waren als Ghibellinen eng mit dem Kaiserhaus verbunden. Friedrich II. wohnte während seines Genua-Aufenthalts 1212 bei Niccolò Doria. Diese intensiven Beziehungen erklären wohl auch den klassischen Geschmack der Familie, ihre Vorliebe für antike Skulpturen und monumentale Inschriften, die als «Beweis» großen, alten Adels galten.

25   Einer der beiden großen Löwen von Carlo Rubatto (1840) an der Treppe vor San Lorenzo.

26   Eines der Triforienfenster der Fassade.

27   Die Lünette des Hauptportals mit Christus, den Symbolen der Evangelisten und dem Martyrium des hl. Laurentius.

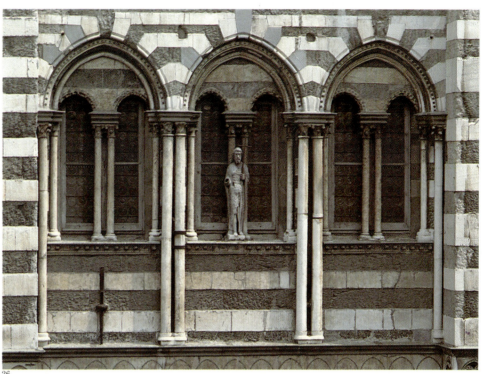

26

27

29

Die Straßen des 16. Jahrhunderts

Die Strada Nuova (heute Via Garibaldi) sei «mehr Wohnviertel als Straße», meint ein erfolgreicher Werbeslogan. Diese Aussage ist vor allem soziologisch zu verstehen: Die Oligarchie der herrschenden Familien hatte endlich den extremen Individualismus der ganz privaten *curiae* überwunden und sich für eine offene, verlängerbare architektonische Form entschieden. Ohnehin konnte die Stadt nur in die Breite wachsen, da der Hügel oben natürliche Grenzen setzte. Als planender Geist der noblen Strada Nuova galt lange Zeit Galeazzo Alessi aus Perugia, der 1548–1561 in Genua tätig war. Doch Planung und Ausführung wichtiger Bauvorhaben bestimmten die Behörden (Magistrato dei Padri del Comune), denen eine eigene technische Abteilung mit einem Staatsarchitekten unterstand. Die eigentlichen Schöpfer der Residenzstraße waren Cantone, Bernardo Spazio, Giovanni und Domenico Ponzello. Sie waren mit den typisch genuesischen Bauproblemen vertraut und werden vielleicht deshalb oft – recht abschätzig – als lokale Meister eingestuft. Ein überragender Künstler war G.B. Castello, genannt Il Bergamasco, der gleichzeitig als Maler, Bildhauer und Architekt arbeitete (Palast der Handelskammer und Palazzo Lomellini Podestà).

Die steinreichen und oft auch sehr kunstverständigen Auftraggeber – Bankiers und Unternehmer – siedelten sich an der Strada Nuova sippenweise an. In der ersten Bauphase ließ die Familie Spinola vier Palazzi errichten, die Pallavicino zwei, die Grimaldi einen. In isolierter Lage baute Franco Lercari einen Palast mit einem prächtigen Innenhof.

Galeazzo Alessi hatte mit den Villen Giustiniani Cambasio und delle Peschiere eine Art Musterpalazzo geschaffen, einen Kubus mit drei Geschossen. Dieser Grundriß wurde nun vielfältig abgewandelt, wobei die Hanglage den Architekten oft vor schwierige technische Probleme stellte – beeindruckend etwa, wie beim Palazzo Doria-Tursi diese Probleme durch Freitreppe, seitliche Wangentreppen und doppelgeschossigen Portikushof gelöst sind). Die Freskenzyklen in den Gewölben der bis zu 18 m langen und 9–12 m hohen Salons dienten vor allem der Selbstverherrlichung mittels mythologischer und episch-literarischer Themen. Später überwogen der hohe Triumphalismus dynastischen Prunks und historisierend-römischen Geschmacks. Zwei Generationen manieristischer Genueser Maler sind in den Zyklen vertreten, von Il Bergamasco bis Luca Cambiaso, von den Brüdern Semino bis zu den weniger bedeutenden Calvi, von Bernardo Castello bis zu Lazzaro Tavarone.

Als zweite Prachtstraße entstand zu Beginn des 17. Jahrhunderts die Via Balbi. Sie war als öffentliches Unternehmen geplant, kam jedoch im ersten Teil vor allem durch Initiative der Familie Balbi zustande, die an der Nobelstraße gleich sieben Paläste errichtete.

Während des ganzen 16. Jahrhunderts ließen die herrschenden Familien in der Altstadt immer wieder ihre Plätze erweitern und neue Häuser bauen, vor allem an der Achse Via Luccoli–Piazza di Soziglia–Piazza Campetto–Piazza dei Banchi. An diesem letzten Platz entstanden zwischen 1589 und 1598 die Kirche San Pietro und die Loggia dei Mercanti.

S. 48/49
28 Prozession am Tag des hl. Johannes, des Stadtpatrons Genuas.

29 Blick von Castelletto über die Altstadt. Im Vordergrund die Dächer der Via Garibaldi, dahinter Campanili und Türme aus verschiedenen Epochen, die das vertikale Element der Stadt unterstreichen.

30, 31 *Park des Palazzo Bianco (im Besitz der Familie Brignole), der 1942 den Bomben zum Opfer fiel und nach dem Krieg originalgetreu restauriert wurde.*

Die Villen

Vom Beginn des 16. bis zum Ende des 19. Jahrhunderts gehörte es in der genuesischen Oberschicht zum guten Ton, unweit der Stadt eine – oft monumentale – Villa zu besitzen. Diese Adelsresidenzen waren zugleich Statussymbol und Ausdruck neuentdeckter Naturverbundenheit. Parkanlagen und Gärten gaben der Landschaft außerhalb der Mauern, in den Tälern des Polcevera und des Bisagno ein ganz neues urbanes Gesicht. Zwischen Meer und Gebirge entstand eine Art «alternative» Stadt – ein Gegenpol zur Enge der mittelalterlichen Gassen.

Das Industriezeitalter hat die Gärten von Sampierdarena, Cornigliano und des Polcevera-Tals zerstört. Das einstige Gleichgewicht zwischen Natur und menschlichen Eingriffen ging im Bauboom verloren. Doch es ist noch immer möglich, anhand einzelner herausragender Bauten Genueser Wohnkultur zu zeigen. Schon seit dem 14. Jahrhundert sind einzelne Villen bezeugt, zum Beispiel jene, in der der aus der Verdi-Oper bekannte Simone Boccanegra gewohnt haben soll. Dichter wurde diese Überbauung mit Villen im 15. Jahrhundert. Auf dem Angeli-Hügel entstand die Villa Tomati mit einem typischen Portikus und einer Eckenloggia, die später in den Bau integriert wurde. Die Loggia bildete die Verbindung zum Park mit seiner prächtigen Aussicht auf die Stadt. Die Fieschi (bekannt aus Schillers Tragödie «Die Verschwörung des Fiesko zu Genua») und die Doria bauten ihre Landhäuser zu Beginn des 16. Jahrhunderts zu regelrechten Residenzen aus. Allerdings wurde die Villa der Fieschi nach deren Niederlage dem Erdboden gleichgemacht. Andrea Doria errichtete seine Residenz am andern Ende der Stadt (ab 1521). Der prachtvolle Bau bestach durch die raffinierten künstlerischen Einfälle des verantwortlichen Bauleiters Perin del Vaga und die weiten Parkanlagen.

Im «Jahrhundert der Genuesen», als Mitte des 16. Jahrhunderts genuesische Banken den europäischen Geldmarkt dominierten, schuf der moderne, aufgeschlossene Architekt Galeazzo Alessi für seine reichen Auftraggeber wahre Meisterwerke. Besonders die Villen Giustiniani Cambiaso in Albaro (1548) und Pallavicini delle Peschiere (1556) fügen sich mit ihrer Doppelaussicht auf Meer und Berge wunderbar in die Landschaft ein.

Während in den Gärten – die nur noch zum Teil erhalten sind – die Leitidee einer gezähmten Natur vorherrscht, unterstreichen die künstlichen Grotten mit ihrem reichen Schmuck aus Muscheln, Korallen, Kristallen, Majolikakacheln und Kalksteinkonkretionen deren ständigen Wandel.

Die bedeutendsten Landschlösser des 16. und 17. Jahrhunderts sind Villa Imperiale (später Scassi) in Sampierdarena (1561–1564) und Villa Di Negro (später Rosazza) in San Teodoro (1556). Sie lassen heute noch erahnen, welch weite Dimensionen diese Anlagen hatten, mit ihren Gärten, Terrassierungen, Obstbäumen, Hainen, Fischteichen, Brunnen, Grotten und prächtigen Aussichtspunkten.

Im 17. Jahrhundert verstärkte sich der Hang zur Monumentalität der Gebäude und Gärten, die so zum Machtsymbol der herrschenden Klasse wurden.

Die Naturverbundenheit zeigte sich vor allem auch im Freskenschmuck der Villen, in den Mythen- und Fabelzyklen eines Domenico Piola oder Gregorio De Ferrari.

Im Zuge der Naturbegeisterung erwarben im 18. Jahrhundert reiche Genuesen immer größere Grundstücke auf dem Land und ließen sie bewirtschaften. Unter den bedeutendsten Denkmälern jener Zeit sind die Villen Durazzo, Balbi und Della Rovere in Albisola. Die Familie Durazzo besaß zudem eine Villa in Cornigliano, die trotz fehlender Gärten und industrieller Umgebung heute noch dokumentiert, wie gut die Genueser Noblen mit den zeitgenössischen europäischen Stilrichtungen vertraut waren. Einen undogmatischen Klassizismus vertrat

32 Der Innenhof des Palazzo Reale (Königspalast), gegenwärtig Sitz des ligurischen Landesamtes für Denkmalpflege. In der einstigen Residenz an der Via Balbi befinden sich auch die Ligurische Akademie der Wissenschaften und eine bedeutende Kunstgalerie.

Andrea Tagliafichi, der eine Vorliebe für englische Landschaftsgärten hatte. Er gestaltete im späten 18. und frühen 19. Jahrhundert die heute leider zerstörten Parkanlagen der Villen Lomellini-Rostan in Pegli, Doria in Sampierdarena und Serra in Cornigliano.

Noch gut erhalten sind einige Gärten aus dem 19. Jahrhundert, etwa der Garten der Villa Galliera (1865) in Voltri mit seinen Cottages, romantischen Ruinen, neugotischen Elementen und einem herrlichen Ausblick aufs Meer.

Die Villa Serra (um 1850) in Manesseno besticht durch ihren reichen Baumbestand, und die Villa Pallavicino in Pegli ist berühmt für ihre Grotten, Wasserspiele und Teiche, die 1837 nach Plänen von Michele Canzio entstanden.

33 Innentreppe des Palazzo Reale mit großzügigen Fensterfronten auf den Giardino Pensile (hängende Gärten). Der Palast wurde um die Mitte des 17. Jahrhunderts erbaut und zu Beginn des 18. Jahrhunderts von Carlo Fontana umgestaltet.

34–36 Der Palazzo Doria-Pamphily, eine der prächtigsten und eigenwilligsten Genueser Residenzen, wurde im 16. Jahrhundert für Andrea Doria erbaut, den wir auf der Brunnenfigur als Neptun – Herr des Meeres – abgebildet sehen.

Genua und Umgebung

35

36

37–39 Der ganz im Grünen gelegene Friedhof von Staglieno ist ein typisches Beispiel der Bürgerkultur des 19. Jahrhunderts. Er wurde 1840 von G.V. Resasco in Form eines Rechtecks angelegt, das von einem Pantheon gekrönt wird (Nr. 38).

Genua und Umgebung

38

39

40, 41 Eines der interessantesten industriellen Baudenkmäler Genuas ist das alte Fabrikgelände der Firma Ansaldo. Das 1846 unter dem Namen «Taylor & Prandi» gegründete und 1859 in «Ansaldo» umbenannte Unternehmen spielte beim Bau des italienischen Eisenbahnnetzes eine entscheidende Rolle. Im Laufe der Jahre dehnte die Ansaldo ihre Produktion auf Schiffe, Waffen und Elektromotoren aus; heute ist sie führend in der Kerntechnik. Das zur IRI-Gruppe gehörende Unternehmen hat den Hauptsitz in Genua belassen, ist aber durch Filialen in ganz Italien vertreten.

Genua und Umgebung 63

41

Die Industriezone im Westen (Riviera di Ponente)

42 Werkhalle für die Herstellung von Großgeschützen in Genua Cornigliano Campi; Teilansicht der Beton-Überdachung.

Es ist sicher nicht willkürlich und einseitig, die Entwicklung der Riviera di Ponente anhand der Firmengeschichte der 1853 gegründeten Gio. Ansaldo & Co. zu verfolgen. Die Ausdehnung dieses Unternehmens im Tal des Polcevera und im Küstenstreifen zwischen Sampierdarena und Multedo ist ein Paradebeispiel für das Vordringen neuer Technologien und die traumatische Verwüstung weiter Gebiete.

Zu Beginn des 19. Jahrhunderts konzentrierte sich die Industrie in Genua und Umgebung auf drei Schwerpunkte: Papierherstellung in den wasserreichen Tälern des Cerusa, Leira und Varenna; Textilfabriken in Sampierdarena, Rivarolo und Cornigliano; Lebensmittelproduktion in der bäuerlichen Riviera di Levante. Die große Industrialisierung setzte um die Mitte des 19. Jahrhunderts ein und führte bald zu großen Kontroversen, als etwa 1846 die Firma Taylor & Prandi in Sampierdarena die ortsansässigen landwirtschaftlichen Betriebe und das Gewerbe verdrängte, oder als 1882 das Eisenwerk Raggio den Ruf von Sestri Ponente als Badeort schädigte. Großprojekte, wie der Bau einer Bahnlinie von Genua nach Turin (1853) oder die Erweiterung des Hafens (1876–1888), und schließlich Krieg und Faschismus bedeuteten für die Industrie eine große Herausforderung. Die Ansaldo beispielsweise hatte vor allem in den Kriegsjahren 1915–1918 und später in der faschistischen Ära eine heterogene Produktion, von Kanonen über die Ausstattung von Kriegs- und Passagierschiffen bis zur Herstellung von Eisenbahnwagen. Dann kamen die zyklischen Krisen des 20. Jahrhunderts und damit auch der Niedergang der Genueser Industrie.

II Savona

Das historische Stadtzentrum Savonas liegt zwischen Hafenbecken, Festung Priamar und Überbauungen aus dem 19. Jahrhundert. Nur gerade auf diesem kleinen Stück hat sich die mittelalterliche Stadtanlage mit ihrer dichten Überbauung und den wenigen offenen Plätzen erhalten. Die spätmittelalterlichen Häuser am Hafenbecken fielen dem Zweiten Weltkrieg zum Opfer und wurden durch anonyme Wohnblocks ersetzt. Hier, an der alten *platea Sancti Petri*, stehen die meisten noch erhaltenen Türme aus dem 12. Jahrhundert. Schon 1177 ist der Stadtturm Torre del Brandale erwähnt, der vom Erzfeind Genua verkürzt wurde und erst seit 1933 wieder seine Originalhöhe hat.

Beim Brandale-Turm beginnt die Via Pia (früher Fossalvaria), die bis ins 19. Jahrhundert Hauptachse war und auch heute noch sehr belebt ist. Daran liegen typisch ligurische mittelalterliche Gebäude, die mit ihren hohen schmalen Fassaden eine einheitliche Front bilden. Via Fossalvaria und Via Quarda waren bevorzugte Wohnviertel des Adels. Deshalb sieht man dort noch Schiefer- und Marmorportale, klassische Medaillons und bemalte Architrave. Auch im Innern waren die Residenzen reich ausgestattet: Atrien mit Lünetten auf korinthischen Kragsteinen, mehrgeschossige Loggien, Säle mit Holzdecken und bemalten Friesen.

Besonders eindrücklich präsentiert sich die kulturelle Blüte jener Zeit im Palast des Kardinals della Rovere. Giuliano da Sangallo baute ihn Ende des 15. Jahrhunderts (1495) im toskanischen Stil, mit einem großen Innenhof und einer zweifarbigen Fassade.

Die Festung Priamar erinnert an die Zeit der genuesischen Unterdrückung. Sie wurde 1542 an der Stelle einer älteren Siedlung erbaut und ist ein Musterbeispiel für die Festungsbaukunst der Renaissance. Im Innern wird gegenwärtig die Loggia aus dem 15. Jahrhundert restauriert. Bei diesen Arbeiten ist eine byzantinische Nekropole zum Vorschein gekommen.

Heute hat Savona mit wirtschaftlichen Problemen zu kämpfen. Die Zusammenarbeit mit der Chemieindustrie im Bormida-Tal ist mangelhaft, der Hafen steckt in einer Krise, nicht zuletzt weil man hin- und herüberlegt, ob es besser sei, die erforderlichen Anlagen in Savona selbst oder in Vado auszubauen. Der Tertiärsektor will nicht so recht in Schwung kommen, obwohl gerade im Dienstleistungsbereich die Zukunftschancen der Stadt liegen.

S. 66/67
43 *Der Bootshafen von Savona.*

44 *Ein Platz in der Altstadt von Savona.*

45, 46   Die Torre del Brandale (Nr. 45, Bildmitte) geht auf die erste Hälfte des 12. Jahrhunderts zurück, ebenso die ersten künstlichen Hafenanlagen. Der zweitgrößte Hafen Liguriens umfaßt heute die Buchten von Savona und Vado (Tankerhafen). Nr. 46: Ein ausgedienter Fischkutter, der als originelle Behausung dient.

47, 48 *Die Festung Priamàr thront auf dem Hügel, den einst die Ureinwohner Savonas besiedelten. Sie wurde 1542/43 von der Republik Genua errichtet.*

Das obere Bormida-Tal und Millesimo

Das obere Bormida-Tal verdankt seine Entwicklung vor allem dem Umstand, daß es im Schnittpunkt der Handelswege zwischen Meer und Piemont liegt. Nur dank der Transportwege konnte sich eine lokale Wirtschaft überhaupt entwickeln. Bis ins 19. Jahrhundert existierte eine beachtliche Industrie im Frühstadium: Eisenhütten, Mühlen und Sägereien, welche die vorhandenen Energiequellen ausnützten. Besondere Bedeutung erlangte die fast tausendjährige Glasbläserkunst in Altare. Schon im 15. Jahrhundert hatten sich die Glasbläserfamilien zu einer Zunft zusammengeschlossen. Sie wirkten auch im Ausland und üben ihre Kunst zum Teil heute noch in Altare und im benachbarten Dego in industriellem Rahmen aus. In unserem Jahrhundert hat sich in Cairo, Cengio und Ferrania ein großes Chemiezentrum entwickelt, mit äußerst negativen Auswirkungen auf Landschaft und Umwelt. Bei Millesimo laufen gleich mehrere Täler zusammen. Deshalb wurde die Stadt bald zur Residenz der Adelsfamilie Del Carretto, die von hier aus ihre Besitzungen regierte. Der mittelalterliche Stadtkern wuchs linear, wie heute noch aus den Häuserzeilen zwischen Brücke und Kastell ersichtlich ist.

Die Del Carretto waren bestrebt, die Mönchsorden im Tal zu fördern. Im Jahre 1179 bauten sie im Val Pallare, in einem noch unberührten Waldgebiet, die Abtei Fornelli. Im Val Mallare hatte hundert Jahre zuvor (1070) Bonifacio Del Vasto, ein Vorfahr der Del Carretto, die Abtei Ferrania gestiftet.

Millesimo hatte eine große strategische Bedeutung, weshalb ein ganzer Kranz – heute zerfallener – Burgen (Bardineto, Murialdo, Cosseria, Roccavignale, Cengio) die Stadt umgab. Auch die befestigten Städtchen Bardineto und Calizzano sind mit ihrer rechtwinkligen Anlage ganz eindeutig Gründungen *(villae novae)* aus der Feudalzeit.

49 *Werkhallen der Montedison in Cairo Montenotte am Zusammenfluß von Pàllare und Màllare. Eine Seilbahn bringt das Rohmaterial (Kohle) vom Hafen in Savona direkt zu der Verarbeitungsstätte.*

III Noli und das Finale

Unter den Küstenregionen Liguriens nimmt das Finale einen ganz besonderen Platz ein. Der Name bedeutet «Grenzland» und bezieht sich auf ein Teilstück der Riviera di Ponente, und zwar von Borghetto und Zuccarello im Westen bis nach Bergeggi und Monte Mao im Osten.
Enge, senkrecht zur Küste abfallende Täler, Plateaus und Steilküsten charakterisieren das Gebiet, das – besonders im Mittelteil – durch wunderschöne Landschaften besticht. Die natürliche geographische Abgeschlossenheit äußert sich nicht nur in Flora und Fauna, sondern auch in Geschichte und Kunst des Finale.
Das Gebiet entstand während des Miozäns und Oligozäns, als nach dem Rückzug des Meeres jene Kalksteinformationen zurückblieben, die man als «Stein des Finale» bezeichnet. Das Oberflächenwasser fraß sich tief in den porösen Stein und schuf ein System von Plateaus und felsigen Erhebungen. Im Untergrund führten Karsterscheinungen zur Bildung zahlreicher Höhlen.
Das Altpaläolithikum (1 Million–120 000 v. Chr.) hat im Finale wenige Spuren hinterlassen. Besser vertreten sind Mittelpaläolithikum (120 000–35 000 v. Chr.) und Jungpaläolithikum (bis ca. 8000 v. Chr.): Kürzlich wurden in Fate Reste eines Neandertalers gefunden. Bedeutende Zeugen des Neolithikums und der Bronzezeit sind die Höhlen Arene Candide an der Küste und Pollera im Hinterland.
Mit der römischen Kolonisierung des Finale stellte sich erstmals die Frage einer Küstenstraße, die das alte, der Natur angepaßte Wegnetz der senkrecht zur Küste mündenden Täler ergänzen könnte. Das Problem sollte erst viel später, in nachnapoleonischer Zeit und in unserem Jahrhundert, eine endgültige Lösung finden. Doch den ersten Schritt machten die Römer im Jahre 13 v. Chr. mit der Via Julia Augusta, die in der Kaiserzeit die Verbindung zwischen Poebene und Südfrankreich gewährleistete. Noch heute erinnern im landschaftlich bezaubernden Ponci-Tal (dem antiken vallis pontium, «Brückental») fünf Brücken aus der Zeit Kaiser Hadrians an diese römische Straße.
Während des Mittelalters entwickelte sich das Finale sehr eigenständig, was auf das byzantinische Substrat zurückzuführen ist. Die ligurische Küste blieb bis zum Einfall der Langobarden im Jahre 643 unter dem Einfluß Ostroms. Archäologische Untersuchungen haben gezeigt, daß die Zentren dieser Kultur an der Küste lagen, etwa in Finale oder in Noli, dem byzantinischen Neapolis. Dazu kamen der Hafen in Varigotti und ländliche Siedlungen im Hinterland wie Perti oder das befestigte Sant' Antonino.
Diese Einheit zerschlug sich allerdings, als nach dem Vorbild der römischen und später auch kirchlichen Gebietsaufteilung das westliche Finale zur Arduinischen Mark geschlagen wurde und somit dem Bischof von Albenga unterstand.
Noli wurde eine Stadtrepublik, betrieb Seehandel und verbündete sich mit Genua, wodurch es sich Savona zum Feind machte. Noch heute wirkt die Stadt mit ihrer Mauer, den vielen Geschlechtertürmen und dem Schloß auf dem Ursino-Berg sehr wehrhaft.
Nach Auflösung der Aleramischen Mark und nachfolgender Neuordnung der Lehen unter Enrico II. (Ende 12./Anfang 13. Jahrhundert) kam das Finale an die Marchesi Del Carretto, die es bis 1598 regieren. In diesen Zusammenhang gehört die Gründung von Borgo Finale am Zusammenfluß von Pora und Aquila und der Bau des herrschaftlichen Castel Gavone auf dem Bechignolo. Zwischen dem 10. und 12. Jahrhundert entstanden überall im Finale romanische Sakralbauten: San Paragorio in Noli, Santa Margherita am Kap Noli, Sant' Eusebio und Sant' Antonino in Perti, das Kapuzinerkloster Sant' Eugenio auf der Insel Bergeggi, das Kloster San Lorenzo in Varigotti. Gegen Ende des 15. und zu Beginn des 16. Jahrhunderts erlebte die Herrschaft der Del Carretto ihr goldenes Zeitalter. Dank des gegen Genua gerichteten politischen

50 Längs der Stadtmauer von Noli findet man noch Reste alter Wachttürme und Zinnenkränze. Der Mauerring umfaßt das Kastell aus der zweiten Hälfte des 12. Jahrhunderts und den Ursino-Berg mit seinen Olivenhainen.

Bündnisses mit den Visconti und später mit den Sforza gelangte lombardische Kunst ins Finale. An lombardischen Vorbildern orientieren sich zum Beispiel der Campanile von San Biagio und die beiden Kreuzgänge des Klosters Santa Catarina in Finalborgo, der Diamantenturm (Torre del Diamante) des Castel Gavone, das Kirchlein Santa Maria di Loreto in Perti, dessen unmittelbare Inspirationsquelle die Portinari-Kapelle der Kirche San Eustorgio in Mailand ist.

Unter spanischer Herrschaft (1598–1713) rückte die natürliche Rolle des Finale als Brücke zwischen Meer und Poebene in den Vordergrund, was Transitverkehr und Handel aufblühen ließ. In dieser Zeit stieg Finale Marina zum Zentrum auf, die herrschaftlichen Residenzen wurden restauriert und große barocke Kirchen gebaut.

Seit dem Mittelalter hat die Landschaft des Finale viele Veränderungen erfahren. Schon im 12. Jahrhundert wurden für den Schiffsbau Wälder abgeholzt. In der Neuzeit ging man an die systematische Terrassierung der Abhänge, wo fortan zahlreiche Bauern ihre Häuser bauten, oft in jenem archaisierenden Stil, der heute noch auf den Plateaus von Mànie, Isasco und Verezzi erkennbar ist.

Als Genua im 18. Jahrhundert seine Kontrolle auch auf das Finale ausdehnte, war es um dessen Eigenständigkeit geschehen. Aus den Beschreibungen ausländischer Reisender wissen wir, wie isoliert die Bevölkerung in den Küstenorten des Finale damals lebte. Eine allgemeine kulturelle Verarmung griff um sich; zu erwähnen sind einzig die Skulpturen in den Pfarrkirchen San Giovanni Battista in Finale Marina (Hauptaltar und Altar der Unbefleckten Empfängnis) sowie San Biagio in Finalborgo (Kanzel und Balustrade des Hauptaltars). Sie gehören allerdings zu den besten Beispielen genuesischer Kunst im 18. Jahrhundert.

Wer heute ins Finale fährt, spürt eine gewisse Gespaltenheit, ein Lavieren zwischen Massentourismus und zaghaft

51 *Die noch gut erhaltene Altstadt von Noli liegt in einer kleinen Bucht zwischen Capo Noli und Punta del Vescovo. Darum herum sind neue Tourismus-Siedlungen entstanden, die das Landschaftsbild immer stärker dominieren.*

52 Wie hier bei Capo Noli findet die Macchia an der ganzen ligurischen Küste ideale klimatische Bedingungen. Allerdings haben menschliche Eingriffe, nicht zuletzt die Urbarmachung weiter Landstriche, die natürlichen Vegetationsräume stark beschnitten. Die einst dichte Macchia ist vielerorts zu kargen Büschen verkümmert.

Landschaftsschutz. Im Hinterland gibt es zwar noch Landstriche voll unberührter Schönheit, doch rechtzeitige Schutzmaßnahmen (zum Beispiel die Einrichtung eines Nationalparks) stoßen auf den Widerstand der Bevölkerung. An der Küste hat der unkontrollierte Bauboom, vor allem die Ferienhaus-Welle, die alten Zentren weitgehend erstickt.

53, 54 Noch immer ist in Noli das Einziehen der Netze ein Gemeinschaftserlebnis, das an die Tradition der alten Seefahrerstadt anknüpft. Doch der Fischfang hat seine einstige Bedeutung verloren; Haupteinnahmequellen sind heute Tourismus und Handel. In den letzten Jahren hat man sich allerdings in Noli und vielen andern kleinen Küstenorten wieder auf das Fischen als Zweitbeschäftigung besonnen.

Noli und das Finale

55 *Die Kirche San Paragorio ist ein bedeutendes Denkmal der Romanik in Ligurien.*

Nur wenig außerhalb von Noli liegt jenseits eines Wildbaches die romanische Kirche San Paragorio. Das Gotteshaus symbolisiert die Geschichte der Stadt, die zu den sehenswertesten Ortschaften Liguriens zählt. Noli erlebte im 12. und 13. Jahrhundert eine Blütezeit, als es den Einwohnern gelang, die Feudalherrschaft abzuschütteln, eine freie Kommune zu gründen (1193) und von der Diözese Savona die kirchliche Unabhängigkeit zu erwirken (1239). Im 15. Jahrhundert mußte Noli die Republik Genua als «Schutzmacht» anerkennen. Formell blieb die Stadt zwar bis 1797 unabhängig; trotzdem setzte ein langsamer, aber stetiger Niedergang ein. Bei Ausgrabungen in den siebziger Jahren wurden unter der romanischen Kirche San Paragorio ein frühmittelalterliches Baptisterium (ca. 6./7. Jahrhundert) und eine Nekropole gefunden, die vom Hochmittelalter bis in die Neuzeit als Begräbnisstätte gedient hatte. Die heutige Kirche ist das bedeutendste Beispiel frühromanischer lombardischer Sakralarchitektur in der Riviera di Ponente. Lombardisch ist in erster Linie das Innere der Kirche (dreischiffige Basilika ohne Querhaus), weniger die Schmuckelemente der Außenmauern (von doppelten Arkadenbögen zusammengehaltene Lisenenfelder).

56 Das Stadttor von Finalborgo, das 2 km im Landesinnern liegt; der alte Ort war mehr als zweihundert Jahre lang Freistadt und Verwaltungszentrum der spanischen Besitzungen in Norditalien.

Finalborgo und Perti

Als Enrico II. Del Carretto um 1180 Burgus Finarii gründete, wollte er damit seinen Feudalstaat stärken und den Unabhängigkeitsgelüsten von Noli und Savona entgegenwirken.
Der Zusammenfluß von Pora und Aquila im Schutz der alten Burg von Perti bot ideale Voraussetzungen für eine befestigte Anlage im Stil der *villae novae.* Später, um die Mitte des 15. Jahrhunderts, wurde Finalborgo umgebaut und die Stadtmauer mit ihren runden Türmen und Pechnasen erneuert. Kurze Zeit danach erfolgte der Bau (oder die Rekonstruktion) des achteckigen Campanile von San Biagio, der ein wenig an San Gottardo in Mailand erinnert. Die am Stadtrand gelegene dreischiffige Kirche Santa Catarina aus dem Jahre 1358 konnte ihre ursprüngliche Form bewahren. Leider war sie im letzten Jahrhundert Sitz eines Gefängnisses und erlitt dadurch großen Schaden. Das angeschlossene Kloster wurde zusammen mit den Kreuzgängen Ende des 15. Jahrhunderts erneuert und beherbergt heute das Museum des Finale.
Von Finalborgo führt die «strada Berretta» (17. Jahrhundert) nach Perti, das im Hochmittelalter eine wichtige Station auf dem Weg ins Hinterland war, wie die Ruinen des Castrum Perticae beweisen. Der kleine Ort liegt in einer bezaubernd unberührten Landschaft und besitzt drei architektonische Juwelen: Das Castel Gavone besticht durch seinen Torre dei Diamanti (Diamantenturm) aus äußerst präzis gearbeiteten Bossenquadern mit facettenartigen Buckeln (Diamantsteinen); die Kirche San Sebastiano (um 1490) hat ein prächtiges Renaissanceportal, und die Kapelle Nostra Signora di Loreto (um 1490) auf dem gegenüberliegenden Hügel ist eine Kopie der Portinari-Kapelle der Kirche San Eustorgio in Mailand.

57

57 Die Kollegiatskirche San Biagio in Finalborgo mit dem oktogonalen Campanile spätgotisch-lombardischer Prägung und der barockisierten Fassade.

S. 88/89
58 Wildes Camping in einer kleinen Bucht an der höhlenreichen Küste.

59 *Herrschaftliche Villa inmitten von Terrassierungen im Hinterland von Finale Ligure.*

60 In Perti, einem kleinen Städtchen des Finale, erscheint zwischen Olivenbäumen die Kirche «Nostra Signora di Loreto» oder «dei Cinque Campanili» (1485–1493). Sie erinnert in ihrer Architektur – quadratischer Grundriß, kleiner Chor und halbkugelige Kuppel – an die Portinari-Kapelle von San Eustorgio in Mailand.

S. 92/93
61 Das typische Mittelmeerstädtchen Varigotti mit seinen charakteristischen Terrassendächern hat sich zu einem Touristenort entwickelt.

IV Das Gebiet von Albenga

Für den eiligen Autofahrer oder den kulturell wenig interessierten Touristen scheint der Begriff «Gebiet von Albenga» keine unmittelbare Bedeutung zu haben. Wer aber die geographische Lage der Riviera di Ponente betrachtet und sich auch nur kurz auf die Geschichte besinnt, wird den Sinn dieser Bezeichnung bald verstehen. Die Riviera di Ponente besteht aus einer Reihe verschieden langer Täler, die senkrecht zum Meer verlaufen und durch oft steile Höhenzüge voneinander getrennt sind. In deren Zentrum, auf halbem Weg zwischen Genua und der französischen Grenze, öffnet sich bei Albenga die einzige größere Ebene der gesamten Region. Geschaffen wurde sie durch die vier Wildbäche Neva, Pennavaira, Arroscia und Lerone, die sich hier zum nur 4 km langen Fluß Centa vereinigen. Diese fruchtbare und wasserreiche Ebene bot dank ihrer natürlichen Paßverbindungen ins nahe Piemont ideale Voraussetzungen für die Gründung einer Stadt.

Schon im 3. Jahrhundert v. Chr. war Albium Ingaunum Hauptsitz des zahlreichsten und kriegerischsten Ligurerstammes, der Ingauner. Diese Ureinwohner betrieben Ackerbau und Viehzucht, kreuzten jedoch auch als Seeräuber auf dem Mittelmeer und bedrängten Handelsschiffe auf ihrer Fahrt von Rom via Genua zu den bedeutenden griechischen Kolonien in der Provence. Im Laufe der Punischen Kriege – die Ingauner waren Verbündete Karthagos – eroberte Rom 181 v. Chr. ganz Ligurien, womit der Seeweg und später die Küstenverbindung gesichert waren. Das Siedlungsgebiet der Ingauner erstreckte sich bis zu den Gebirgskämmen im Norden, bis ins Finale im Osten und bis nach San Remo im Westen. An diese Grenzen hielten sich alle nachfolgenden Einteilungen, weshalb sie bis heute fast unverändert erhalten geblieben sind. Die Römer legten an der Riviera die Via Julia Augusta an (13 v. Chr. beendet), die bis kurz vor Anbruch des Industriezeitalters die einzige wirklich funktionierende Küstenverbindung blieb. Längs dieser Achse entstanden an den wichtigen Talausgängen und Verbindungsstraßen ins Hinterland zahlreiche Siedlungen, deren Zahl besonders in der Kaiserzeit rasch wuchs.

Schon recht früh wurde die Riviera christianisiert, wobei die neue Diözese genau den alten römischen Grenzen folgte. Nach der Eroberung Norditaliens durch die Langobarden blieb die ligurische Küste noch ein Jahrhundert lang unter dem Einfluß Ostroms, mit dem sie ja durch das Meer verbunden war. In dieser Zeit entstanden im Zuge der militärischen Organisation des Gebietes überall Festungen und Häfen. Die Städte zogen als Zentren der zivilen und militärischen Verwaltung immer mehr Menschen an.

Seine Rolle als Bollwerk behielt Ligurien auch unter langobardischer und später karolingischer Herrschaft bei. Dann begann der Kampf gegen die Sarazenen (Araber), die Liguriens Küsten unsicher machten. Nachdem diese Gefahr gebannt war, konnten sich Bevölkerung und Wirtschaftsleben der Riviera im 10. Jahrhundert wieder erholen. Albenga kam zur Arduinischen Mark (Hauptstädte Turin und Susa) und blieb auch nach deren Auflösung im 12. Jahrhundert als Untertanenland der Marchesi di Clavesana mit Piemont verbunden. Inzwischen war das Zeitalter der Stadtrepublik angebrochen. Die freie Kommune Albenga kämpfte um die Erhaltung ihrer nun schon über tausendjährigen Vorherrschaft über das umliegende Gebiet. Doch das Erstarken der kleineren Städte an der Riviera und vor allem der Machtanspruch Genuas bewirkten, daß das Territorium der Stadt im 12. Jahrhundert immer mehr zusammenschmolz und zu Beginn des 13. Jahrhunderts nur noch das Gebiet von Caprazoppa (Finale) bis Oneglia umfaßte. Allerdings reichte der Einflußbereich noch jahrhundertelang viel weiter, so daß der Begriff «Gebiet von Albenga» heute mehr einschließt als nur die Ebene, den untern Teil der Täler und den Küstenstreifen von Alassio bis Borghetto. Nach der Angliederung an das

62 Albenga. Santa Maria in fontibus an der Via Enrico d'Aste, der ehemaligen römischen Hauptstraße. Die hochmittelalterliche Kirche hat seit dem 14. Jahrhundert einige Veränderungen erlebt. Auf dem Bild das schöne Stufenportal und das darüberliegende Triforienfenster (um 1300); im Hintergrund die Kathedrale und die mittelalterlichen Geschlechtertürme (vgl. Nr. 64).

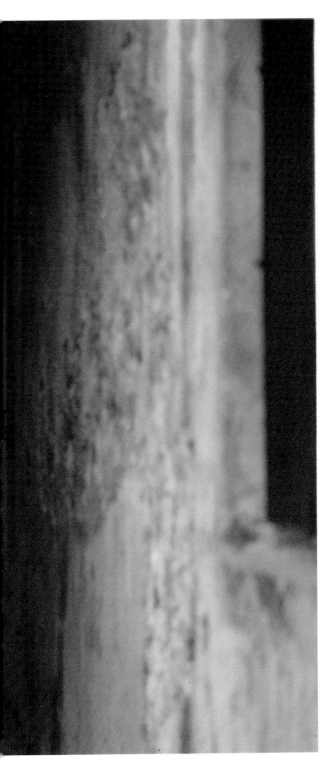

Königreich Sardinien konstituierte sich 1819 die Provinz Albenga, die als Bezirk (circondario) bis 1927 bestand. Die Faschisten schlugen Albenga wider jede geschichtliche und geographische Logik zur Provinz Savona. Obwohl die Stadt wenig Tourismus hat, ist sie dank ihrer reichen Ebene wirtschaftlicher Spitzenreiter der Region. Zum Gebiet von Albenga gehören auch Alassio und Laigueglia, die sich als erstklassige Badeorte auch für Belange des Umweltschutzes und die Erhaltung alter Bausubstanz einsetzen. Das mittlere und obere Andora-Tal hat im Gegensatz zur stark überbauten Küste in wesentlichen Zügen seine ursprüngliche Eigenart bewahrt.
Der Küstenstreifen vom Vorgebirge Caprazoppa bis Borghetto Santo Spirito ist größtenteils dem Bauboom zum Opfer gefallen. Zum Glück sind einige wichtige Baudenkmäler unversehrt geblieben, wie Palast und Kloster der Doria in Loano und die abgelegenen Städtchen Verezzi, Toirano und Balestrino.

63 Altstadtgäßchen in Albenga. Trotz Ausdehnung Richtung Meer ist die Altstadt Geschäftszentrum und Treffpunkt geblieben.

S. 98/99
64 Blick über den Centa-Fluß auf Albenga. Die Stadt, die heute rund 1 km vom Meer entfernt liegt, hat ihr mittelalterliches Aussehen bewahrt. Auffallend sind die alles überragenden Türme: von links nach rechts Torre comunale (Gemeindeturm), Torre del Municipio (Rathausturm), Campanile der Kathedrale. Diese drei großen Türme sind weithin sichtbarer Mittelpunkt der befestigten Stadt.

Die Altstadt

65 Kathedrale San Michele. Teilansicht der beiden romanischen Skulpturen (ca. 11. Jahrhundert) an der gotischen Fassade, die ursprünglich vielleicht das Portal der Vorgängerkirche zierten und den phantastischen und allegorischen Motivreichtum der romanischen Kunst heraufbeschwören.

66 Beispiel eines Schieferportals. Dieses Material wurde in Ligurien vor allem zum Dachdecken gebraucht, fand aber dank seiner Qualitäten auch bei Portalen, Freitreppen und Schornsteinen Verwendung.

Die Ligurer bauten Albium Ingaunum vermutlich auf dem Hügel Collina del Monte im Süden des heutigen Albenga, während die Ausdehnung des römischen Castrum zu Beginn des 1. Jahrhunderts n. Chr. sich genau mit dem heutigen Stadtkern deckt, wie aus Ausgrabungen und archäologischen Forschungen hervorgeht. Gerade diese außergewöhnliche Kontinuität über Jahrtausende hinweg verleiht Albenga seine Sonderstellung unter den ligurischen Städten. Im Laufe der Jahrhunderte wuchs das römische Albigaunum über die Mauer hinaus, so daß Kaiser Konstantius III. (Gemahl Galla Placidias) die Stadt im 5. Jahrhundert neu befestigen ließ. Dank dieses starken Mauerrings wurde Albenga nie an eine andere Stelle verlegt, weder unter den Langobarden noch später unter den Franken noch in der Zeit der Sarazenenvorherrschaft auf dem Meer.

Aus dem 5.–9. Jahrhundert stammen bedeutende Baudenkmäler: das Baptisterium (5. Jahrhundert), das neben wertvollen Mosaiken reinster ravennatischer Tradition durch prächtige Transennenfenster mit langobardischem Flechtwerk besticht; die Begräbniskirche außerhalb der Stadt und die Kathedrale, deren beider Ursprünge ebenfalls auf das 5. Jahrhundert zurückgehen.

Nach dem Ende der Sarazeneneinfälle (Ende des 10. Jahrhunderts) erlebte die Stadt zuerst unter den Marchesi di Cavalese und schließlich als freie Kommune (Ende 12./Anfang 13. Jahrhundert) eine neue Blüte. Zwischen dem 11. und 14. Jahrhundert erhielt sie ihr noch sehr gut erhaltenes mittelalterliches Gepräge, das die charakteristischen Geschlechtertürme aus rotbraunem Backstein wesentlich mitbestimmen. Um die Mitte des 13. Jahrhunderts begann Albengas Abstieg. Die Stadt mußte sich endgültig mit dem siegreichen Genua verbünden und erlitt zudem eine selbstverschuldete Naturkatastrophe mit schlimmen Folgen. Als man einen schlecht geplanten Kanal anlegte, der Teile des

66

Centa-Flusses an der Westseite der Stadt für die Gerber vorbeileiten sollte, wechselte der durch seine Anschwemmung ohnehin in seinem alten Bett schon gestaute Fluß ganz seinen Lauf, was zur schnellen Versandung des Hafens und somit zu schweren wirtschaftlichen Verlusten führte. Außerdem schadeten die ständigen Überschwemmungen der Landwirtschaft, so daß die Einwohnerzahl Albengas bis ins 19. Jahrhundert ständig zurückging. Weil dadurch auch die Bautätigkeit stockte, konnte die Stadt ihr mittelalterliches Aussehen weitgehend bewahren. Zu einer gewissen Erneuerung kam es im 16. und 17. Jahrhundert, als die reichen Patrizierfamilien ganze Häusergruppen zu Residenzen umbauen ließen (Palazzi D'Aste, Rolandi Ricci, Peloso Cepolla, Costa del Carretto). Ein typisches Beispiel für diese Entwicklung ist der Bischofspalast, wo sich heute das Diözesan-Museum befindet. Trotz politischer Unselbständigkeit behielt Albenga sein Prestige als Hauptstadt und kulturell-geistiges Zentrum eines weiten Gebietes. Die Schönheit der Stadt, ihr fast zeitentrückter Adel beeindruckten im 18. und 19. Jahrhundert viele Reisende und Künstler.

Als Genuas Industrie immer mehr Ackerland verschlang, zogen viele Bauern in das Gebiet von Albenga, das dadurch wirtschaftlichen Aufschwung nahm und auch einen Bevölkerungszuwachs zu verzeichnen hatte. Die Ebene wurde endlich wieder kultiviert, wobei moderne Techniken zum Einsatz kamen. Zur positiven Entwicklung trug ab 1872 die neuerstellte Eisenbahnlinie an der Küste bei. Erstmals dehnte sich Albenga auch außerhalb der Mauern aus. Hier entstanden gegen Ende des 19. und zu Beginn des 20. Jahrhunderts Villen und Gärten, die trotz mancher moderner Bausünden noch immer ein schützenswertes Ambiente darstellen.

67 *Das Baptisterium von Albenga gilt als das bedeutendste frühchristliche Baudenkmal Liguriens. Es wurde von Konstantius III. im 5. Jahrhundert in Form eines unregelmäßigen Zehnecks erbaut, dem ein regelmäßiger achteckiger Zentralbau einbeschrieben ist. Im aufgesetzten Tambour wechseln Blendarkaden mit Rundfenstern ab. Die unteren Lichtöffnungen wurden im 8. Jahrhundert vergrößert und mit wunderschönen Transennenfenstern abgeschlossen, die mit langobardischem Flechtwerk verziert sind.*

68 Cisano liegt an einem terrassierten Hang über dem Fluß Neva. Das mittelalterliche Städtchen im Hinterland von Albenga hat einen Campanile aus dem 14. Jahrhundert, der das Dorf überragt.

Die Ebene von Albenga

Man kann die Ebene von Albenga unter verschiedenen Gesichtspunkten betrachten, wobei man immer die besondere geographische Lage und die wechselhafte Geschichte dieser besonderen Region in Rechnung stellen muß. Eng verknüpft mit der mittelalterlichen Kommune ist das Phänomen der «villenove» (Neusiedlungen). Zwar gründeten auch andere ligurische Städte neue Siedlungen, doch keine ging dabei so planmäßig vor wie Albenga. Seine Satellitensiedlungen Villanova, Pogli, Cisano, Borghetto liegen alle an Schlüsselstellen, wo die Kontrolle über die Verbindungsstraßen ins Hinterland gewährleistet war. Noch heute bewahren diese Städtchen ihre regelmäßige Anlage und einen Teil ihrer Befestigungen.

Einen andern, kunstgeschichtlichen Leitfaden stellen Fresken aus dem 14. bis zum frühen 16. Jahrhundert dar. Die bekanntesten befinden sich in Albenga (Bischofskapelle, San Bernardino, Kathedrale), Campochiesa (San Giorgio) und Massaro (Santo Stefano). Daneben wirkten in vielen Kirchen und Kapellen unbekannte Meister. Die ganze Ebene von Albenga war bis zum 15. Jahrhundert dicht besiedelt, was in der Dichte der Pfarrkirchen zum Ausdruck kommt. Doch dann wanderten immer mehr Menschen ab. Die Dörfer zerfielen; nur die mittelalterlichen Kirchen blieben als einsame Zeugen einstigen Lebens zurück. Auf dem brachliegenden Land wuchsen Olivenbäume, die zu Beginn des 16. Jahrhunderts durch Getreidekulturen ersetzt wurden.

Die Landflucht war auch eine Folge ständiger Überschwemmungen des Centa-Flusses, die zu fortschreitender Versumpfung führten. Heute, nach Trockenlegung und stufenweiser Neubepflanzung zu Beginn unseres Jahrhunderts, erscheint die Landschaft der Ebene grundsätzlich verändert, weil nämlich die meisten Bauern auf ihren Grundstücken wohnen, wo sie dank hohem Spezialisierungsgrad sehr gute Erträge erzielen.

69 Das Schloß der Costa auf einer Anhöhe über dem in der Feudalzeit gegründeten Ort Conscente. Es ging 1723 in den Besitz der Del Carretto über.

70 Blick von der Autobahn in die Täler um Albenga.

Die Täler des Neva und des Pennavaira

Das Neva-Tal ist – wie alle Täler um Albenga – landschaftlich und architektonisch von einem Dualismus gekennzeichnet, der historische Gründe hat. Im untern Talabschnitt findet die Ebene von Albenga ihre Fortsetzung, während der gebirgige Teil (oberes Neva-Tal und ganzes Pennavaira-Tal) völlig andere Charakteristiken aufweist.
Diese von Cisano nach Conscente verlaufende Trennungslinie geht vermutlich auf den alten *limes* zwischen Ostrom und Langobarden zurück (6./7. Jahrhundert) und ist seit dem Mittelalter belegt als kirchliche Unterteilung und Grenze zwischen dem Territorium der Kommune und feudaler Gerichtsbarkeit. Die einstige Feudalherrschaft hat deutliche Spuren hinterlassen. Das Kastell von Conscente am Zusammenfluß von Neva und Pennavaira hatte als letzter feudaler Vorposten eine wichtige Funktion; demjenigen von Zuccarello war die Kontrolle über die Straße übertragen; das Castelvecchio stellt zusammen mit dem gleichnamigen befestigten Städtchen eine der besterhaltenen Anlagen des Val Neva dar; das (immer noch bewohnte) Kastell von Alto im Pennavaira-Tal beeindruckt durch seine beherrschende Lage.
In den fünfziger und sechziger Jahren unseres Jahrhunderts setzte die große Abwanderung ein. Heute ziehen die weitgehend intakt gebliebenen Täler wieder naturverbundene Menschen an, die zwar unten in der Ebene von Albenga arbeiten, aber lieber oben im Tal wohnen. Neben diesen täglichen Pendlern kehren viele Talbewohner am Wochenende und während der Ferien in ihre Häuser zurück. Dieser – wenn auch nur zeitweise genutzte – zweite Wohnsitz bedarf selbstverständlich der Pflege, was die endgültige Verwilderung von Feldern und Olivenhainen aufhält.

71

71 Nasino, ein Städtchen im oberen Pennavaira-Tal.

72, 73 *Laubengang an der Hauptstraße von Zuccarello. Das 1248 in linearem Grundriß angelegte Städtchen war in der Feudalzeit Hauptort des Neva-Tals.*

S. 112/113
74 Blick auf die Küste bei Albenga. Im Vordergrund Gallinara. Die Insel mit ihren tiefen Grotten und der dichten Mittelmeervegetation ist seit 1842 in Privatbesitz. Auf dem höchsten Punkt der Verteidigungsturm aus dem 16. Jahrhundert, links eine Villa, die auf den Ruinen eines Benediktinerklosters steht.

S. 114/115
75   Der kleine Hafen von Alassio dient vor allem Segelschiffen, die an den häufigen Regatten an der Riviera di Ponente teilnehmen.

76, 77   Zwei Fotomotive aus Alassio: Der «Muretto di Alassio» ist mit seinem farbigen Majolikaschmuck (Nr. 76) ein Touristenmagnet der Stadt, die im ligurischen Fremdenverkehr einen der ersten Plätze einnimmt. Hotels, Ferienwohnungen und Zweithäuser haben allerdings den alten Stadtkern und die ländliche Umgebung der Stadt stark verändert, ja zum Teil verunstaltet.

78   Der Hafen von Andora und – im Hintergrund – Capo Mele.

79, 80   Der kleine Ferienort Laigueglia zwischen Alassio und den beeindruckenden Felsen von Capo Mele wird vor allem von skandinavischen Touristen besucht. Bahnlinie und Staatsstraße Aurelia (hier besonders verkehrsreich) ziehen eine Trennungslinie zwischen den Häusern am Meer und jenen am Hang, die sich um die Kirche San Matteo scharen.

Das Arroscia-Tal und Pieve di Teco

81, 82 In Pieve di Teco zeugen die Kathedrale und die Reste eines fast zerfallenen Kastells von der bedeutenden Vergangenheit des Städtchens, das an einer wichtigsten Salzstraßen zwischen Piemont und Ligurien lag und Genua als Vorposten gegen die Savoyer diente.

Im Arroscia-Tal finden sich – in größerem Rahmen – dieselben geschichtlichen und landschaftlichen Besonderheiten wie im Neva- und Pennavaira-Tal. Die Linie zwischen unterer und oberer Talschaft trennte jahrhundertelang freie Kommune und Feudalgebiet und bildet bezeichnenderweise auch heute noch die Grenze zwischen den Provinzen Savona und Imperia. Das Arroscia-Tal ist auf der Meerseite fast flach und geht bei Villanova in die Ebene von Albenga über. Auf der Bergseite folgt eine sanft ansteigende Straße in der Talsenke den tiefeingeschnittenen Flußwindungen und streift Dörfer, deren Kern sich oft auf den Sonnenterrassen der linken Talseite befindet. Eine zweite Straße verbindet diese zahlreichen von Wiesen, Feldern und Olivenhainen geprägten Siedlungen, die jahrhundertelang im Spannungsfeld zwischen Feudalherrschaft (Clavesana und andere Familien) und Expansionsgelüsten der Kommune Albenga sowie der Republik Genua lagen.

In jedem dieser Dörfer, sei es in der Talsohle oder oben am Hang, finden sich Kunstwerke, denen als zwar «lokalen», doch noch guterhaltenen Zeugen der Vergangenheit große Bedeutung zukommt. Weiter oben öffnet sich das Tal nach Vassalico nochmals. In einer flachen Mulde liegt Pieve di Teco, dessen Name auf ein oströmisches Kastell *(teichos)* zurückgeht und an die mittelalterliche Würde als Pfarrsprengel *(plebs)* erinnert. Als Knotenpunkt an der Handelsstraße zwischen Ligurien und Piemont und als Hauptsitz der Feudalherren war Pieve di Teco einst ein blühendes Zentrum. Davon zeugen heute noch die Kirchen (Santa Maria della Ripa, 15. Jahrhundert, und San Giovanni Battista, klassizistisch) sowie die zahlreichen Paläste an der Hauptstraße mit ihren typischen Laubengängen.

83, 84 Im oberen Arroscia-Tal sieht man zum Teil verlassene Dörfer, traditionelle Anbaumethoden, ausgedehnte Wälder und viel Brachland. Dieser für einen großen Teil des ligurischen Hinterlandes typische Eindruck kontrastiert mit der Bevölkerungsdichte und der entwickelten Wirtschaft an der Küste und am Ausgang der Täler. Besonders augenfällig ist der Gegensatz zwischen dem Arroscia-Tal und der Ebene von Albenga mit ihren Treibhäusern und den leistungsfähigen Bewässerungsanlagen. Einzige positive Note in diesem von Abwanderung und Zerfall geprägten Bild ist die touristische Entwicklung.

S. 124/125
85   Das alljährlich im Frühling ausgetragene Rennen Mailand–San Remo gehört zu den Klassikern des Radrennsports. Am spannendsten ist der Schlußteil, wo die Straße lauter Kurven macht, steil ansteigt und jäh wieder abfällt.

V Von Imperia nach Ventimiglia

Noch heute denkt man beim Begriff Riviera di Ponente in erster Linie an Küsten, Hotels, Tourismus. Bis vor relativ kurzer Zeit bestand zwischen den touristischen Bedürfnissen (Hotels und Privathäuser) und dem Landschaftsschutz ein ausgeglichenes Verhältnis. Doch in den letzten Jahrzehnten hat der Massentourismus der Natur arg zugesetzt. Zudem haben Bauwut und Spekulation die Küstenlandschaft unwiderruflich entstellt, vor allem im Gebiet zwischen San Remo und Ventimiglia. Die traditionellen Verbindungen längs der Küste (Via Aurelia und Eisenbahn) wurden durch die «Autostrada dei Fiori» ergänzt, die weiter im Landesinnern verläuft und dank ihrer überhöhten Linienführung Einblicke in abgeschlossene und recht homogene Täler gewährt. Eine direkte Verbindung ins Piemont haben nur die Täler des Roja (welches zum Teil schon auf französischem Gebiet gelegen ist) und des Impero (neue Schnellstraße über den San-Bartolomeo-Paß).
Landwirtschaftlich bedeutend sind die langen Täler des Nervia und des Argentina, deren Bevölkerung in stattlichen Dörfern lebt und vor allem Ackerbau und Viehzucht betreibt. Dazwischen liegt, fast genau in der Mitte, das enge und steile Armea-Tal mit seinem Hauptort Ceriana und einer Industriezone, die vom Meer her taleinwärts wächst.
Völlig anders zeigt sich die Umgebung von Imperia mit ihren sanften offenen Hügeln voller Olivenhaine und den vielen kleinen Dörfern. An der Westküste und im unmittelbaren Hinterland bestimmen Gewächshäuser das Landschaftsbild. Blumenkulturen haben die Olivenbäume verdrängt und dem einst vorherrschenden Rebbau den Rang abgelaufen. Aus den Tälern sind die Menschen abgewandert, doch die einstmals großen Orte (Badalucco, Montalto und Triora im Argentina-Tal sowie Pigna und Castel Vittorio im Nervia-Tal) bewahren – trotz prekären Zustands – bedeutende künstlerische Werte. Dasselbe gilt für die Altstädte der Küstenorte Ventimiglia und San Remo sowie von Taggia, deren touristische Entwicklungsmöglichkeiten bisher unterschätzt wurden.

In den Städten der Riviera di Ponente war die Pfarrkirche traditionell Mittelpunkt des Gemeinschaftslebens. Als Bauform konnte sich – wohl auch wegen der peripheren Lage des Gebietes – bis gegen Ende des 16. Jahrhunderts die mittelalterliche Basilika behaupten. Die von den Orden getragene Gegenreform brachte schließlich Neuerungen. In der ganzen Riviera di Ponente dominierten im 18. Jahrhundert einschiffige Kirchen mit komplexem Grundriß und entsprechender Innenausstattung, obwohl die Beibehaltung des traditionellen Altarbildes (15./16. Jahrhundert) für eine gewisse Kontinuität sorgte. Der künstlerische Aufschwung des Settecento war für viele Dörfer im Hinterland ein letzter Höhepunkt.
An der Küste brachte der im 19. Jahrhundert einsetzende Tourismus neue eklektische und vom Jugendstil geprägte Kunstformen mit sich. Gleichzeitig gab ein kleiner Kreis von Reisenden den Anstoß zur Wiederentdeckung des Hinterlandes, dessen Werte leider auch heute noch zu oft unterschätzt werden.

86 Oneglia, Laubengänge an der Calata (Uferpromenade) G.B. Cuneo, wo auch der Fischmarkt abgehalten wird.

S. 128/129
87 Die Via Aurelia zwischen Porto Maurizio und Oneglia. Die beiden Orte wurden 1923 zu Imperia vereint, wobei die öffentlichen Gebäude wie Rathaus, Handelskammer, Post und Provinzverwaltung in die Mitte gelegt wurden, um das Gefühl der Einheit zu stärken und die Lücke zwischen den beiden Städten auszufüllen. Allerdings erhielt der langsame Verwachsungsprozeß erst mit der verstärkten Industrialisierung nach dem Zweiten Weltkrieg Auftrieb.

Porto Maurizio und Oneglia

Imperia entstand durch Vereinigung der beiden grundverschiedenen Gemeinden Oneglia und Porto Maurizio, die durch den Wildbach Impero (daher der Name) getrennt werden.
Schon in der 2. Hälfte des 19. Jahrhunderts hatten Unternehmerkreise die Idee eines Zusammenschlusses lanciert. Zu diesem kam es 1923, als die wichtigen offiziellen Gebäude wie Rathaus und Post symbolisch in die Mitte zwischen die beiden Ortskerne verlegt wurden. Porto Maurizio thront auf einem kleinen Vorgebirge. Aus seiner dichtbebauten Altstadt ragt der monumentale Dom heraus. Oneglia hingegen liegt in einer Schwemmlandebene unterhalb des alten Castelvecchio. Die Stadt hatte eine bewegte Geschichte: Sie war Besitz der Bischöfe von Albenga, dann der Doria und schließlich der Savoyer; deshalb ist vom historischen Zentrum fast nichts übriggeblieben. Anders Porto Maurizio, das sich für seine Treue zur Republik Genua relative Sicherheit und politische Stabilität einhandelte und ein guterhaltenes Stadtbild hat. Erst mit dem Bau des gewaltigen Domes (1781 von Simone Cantoni entworfen und 1838 vollendet) erfuhr der alte Kern eine erste wesentliche Veränderung. Im 19. Jahrhundert dehnte sich Porto Maurizio vor allem längs der heutigen Via Cascione aus.
Den beiden so ganz und gar ungleichen Städten scheint das Zusammenleben immer noch gewisse Mühe zu bereiten, auch wenn sie bestrebt sind, sich stärker mit der gemeinsamen Rolle als Provinzhauptort zu identifizieren. Die Vorbereitungsarbeiten für den neuen Hafen von Imperia sind wohl ein erster Beweis für den Willen zu mehr Einheit.

88 Imperia ist spezialisiert auf Lebensmittelverarbeitung. Die Olivenhaine im Hinterland liefern das Rohmaterial für die traditionelle Ölherstellung. Durch die expandierende Teigwarenproduktion hat sich die Stadt in Italien neue Absatzmärkte geschaffen. Heute ist sie Hauptort einer Provinz, die jahrelang auch ökonomisch eine Randexistenz führte und jetzt eine Zeit des Wohlstands erlebt, dank Aufwertung und geschickter Pflege der traditionellen Erwerbszweige (Tourismus, Landwirtschaft, Lebensmittelindustrie).

89/90 Porto Maurizio, der ältere Teil Imperias, thront auf einem steilen Felsvorsprung über dem Meer. Die guterhaltene Altstadt ist ein Beispiel für die Rettung ursprünglicher Bausubstanz. Bei der Restauration der Gebäude hat man auch auf die Farbe der Fassaden geachtet, die Gassen und Plätze des alten Stadtkerns beleben. Unser Bild: Fenster und spätbarocke Schmuckelemente an einer Fassade in Porto Maurizio.

S. 134/135
91 Altes Haus in stimmungsvoller Umgebung.

92, 93 und 94 (S. 138/139)
Das harmonisch auf einem Hügel angelegte Städtchen Cervo gehört zu den bekanntesten Szenarien der Riviera di Ponente.

Cervo befindet sich unweit des gleichnamigen Kaps am Ostende eines kurzen Küstenbogens, der im Westen bei Capo Berta endet. Die Stadt gehörte seit dem 11. Jahrhundert zum Herrschaftsbereich der Clavesana und kam im 12. Jahrhundert an die Republik Genua. Aus dieser Zeit stammen die neue Stadtmauer, die teilweise noch erhalten ist (Stadttore, Basteien, ein mächtiger fünfeckiger Turm an der Meeresseite). Die Hügellage der Stadt hat die Architektur entscheidend geprägt. Von der teilweise erhaltenen Burg führt die Hauptstraße Richtung Meer hinunter; parallel dazu verlaufen an beiden Abhängen Nebenstraßen, die untereinander durch Quergassen und Treppen verbunden sind. Dominierendes Element in Cervos Silhouette ist aber die Pfarrkirche San Giovanni Battista mit ihrer hochbarocken Fassade aus dem 18. Jahrhundert und dem Kirchplatz, der seine ursprüngliche Funktion als Meeresterrasse bewahrt hat. Auf eine frühere Epoche geht das Oratorio di Santa Caterina zurück, das ehemals als Pfarrkirche diente und nun, nach der Restauration, seine ursprüngliche mittelalterliche Gestalt wiedererhalten hat. Die Geschlossenheit und Harmonie von Cervos Stadtbild hat leider unter dem Bau der Küsteneisenbahn gelitten. Zudem hat man im Westen eine Umfahrungsstraße gebaut, was den Bau rein spekulativer Hotels und Ferienhäuser zur Folge hatte.

Das Argentina-Tal: Taggia und Triora

95 Triora war dank seiner geographischen Lage ein wichtiges Zentrum und bewahrt bis heute hochinteressante städtebauliche Charakteristika. Gassen, Plätze und Treppen bestimmen das Bild der Stadt, die auf einem Abhang des Monte Triora liegt. Im Hintergrund verschneite Gipfel des ligurischen Apennin.

Zu den interessantesten Tälern der Riviera di Ponente gehört das etwa 30 km lange, senkrecht zur Küste verlaufende Argentina-Tal, dessen reiche Geschichte und Tradition in den stattlichen Borghi (befestigte Orte) zum Ausdruck kommt. Landschaftlich ist das Tal sehr abwechslungsreich. Es hat Wälder und Weiden (höchste Erhebung: Monte Saccarello, 2200 m), aber auch Weinberge und Olivenhaine. Dank der geographisch günstigen Lage führen viele wichtige Verbindungsstraßen in die benachbarten Täler (Val Roia, Val Nervia, Valle Arroscia, Val Tanaro, Valle del Maro).

Das Fehlen flacher Zonen erforderte die Anlage geschlossener Dörfer. Einzige Ausnahme bildet die schmale Schwemmlandebene von Taggia, einst Zentrum des Gemüsebaus, heute spezialisiert auf Blumenkulturen, besonders Blumengrün. Obwohl die politische und territoriale Einheit nie ganz erreicht wurde (Carpasio gehörte zum Piemont und teilte das Schicksal Oneglias und des Maro-Tals), war das Argentina-Tal unter der Herrschaft Genuas, das seit 1259 in Taggia, Triora und Castellaro Statthaltereien hatte, politisch sehr stabil. Der Fall Genuas Ende des 18. Jahrhunderts und die nachfolgende Angliederung des ligurischen Gebiets an das Königreich Savoyen brachten dann auch für das Argentina-Tal die endgültige territoriale Einheit.

Das lebendige Gemeinschaftsleben äußerte sich noch bis ins letzte Jahrhundert in einer Vielzahl von meist religiösen Bräuchen. An Weihnachten etwa entzündete man auf dem Dorfplatz vor der Kirche in Triora große Feuer, die an die vorchristlichen Feiern zur Wintersonnenwende erinnerten. In Montaldo und Carpasio brachten die Hirten dem Pfarrer während der Mitternachtsmesse ein Lämmchen. In Taggia feierte man im Juli ein uraltes Fest zu Ehren der Ernteheiligen Magdalena. Bemerkenswert auch die Baukunst, die in den einzelnen Orten (Taggia, Castellaro, Badalucco, Montalto, Carpasio, Molini, Triora, Andagna usw.) je nach natürlichen Gegebenheiten ganz verschiedene Ausdrucksformen gefunden hat. Als Baumaterial diente einfacher Stein, den die erfahrenen örtlichen Meister vor allem für Portale kunstvoll bearbeiteten. Die Pfarrkirche steht fast immer in beherrschender Lage mitten im Dorf und ist somit nicht nur religiöser Pol, sondern auch Mittelpunkt des Gemeinschaftslebens.

Besondere Aufmerksamkeit verdienen Taggia und Triora. Taggias zahlreiche Kirchen und Paläste stammen größtenteils aus dem 17./18. Jahrhundert (Pfarrkirche Santi Giacomo e Filippo und Kloster Santa Caterina, beide aus dem Jahre 1675, Palast Spinola-Curlo aus dem 18. Jahrhundert). Die Ursprünge der Stadt gehen auf oströmische Zeit zurück, als sich die Bewohner der *mansio* (Etappenort an einer Römerstraße) Capo Don auf einem Hügel über dem Fluß Tabia niederließen. So entstand die typische kegelförmige Siedlung mit den Verteidigungsgräben Santa Lucia und Barbarossa und dem dominierenden Schloß. Um das Jahr 1000 war Taggia freie Kommune, dann kam es an die Marchesi di Clavesana, die den Ort zu Beginn des 13. Jahrhunderts an die Republik Genua abtraten.

Von den zahlreichen mittelalterlichen Bauten seien hier nur die wichtigsten erwähnt: die eleganten gotischen Schieferlauben an der Via Soleri, die romanische Kirche Madonna del Canneto (außerhalb der Stadt) und das Kloster San Domenico (1460 vom Dominikanermönch Cristoforo di Milano gegründet). Weiter taleinwärts liegt Triora (776 m), dessen Häuser sich um die Pfarrkirche aus dem 18. Jahrhundert scharen. Das Städtchen lebte früher vor allem von der Viehzucht, die sich hier unter günstigen Bedingungen sehr gut entwickeln konnte.

96 Die Pfarrkirche von Badalucco wurde 1683–1691 im Barockstil erbaut und 1834 umgestaltet. Zwei Reihen von paarigen Säulen schmücken die Fassade.

97 Bussana blieb nach dem verheerenden Erdbeben von 1887 lange Zeit verlassen. Doch in den sechziger Jahren unseres Jahrhunderts entdeckten Künstler aus aller Welt den Ort, restaurierten die weniger verfallenen Häuser und ließen sich häuslich nieder.

Ceriana

Wer das abgelegene, wunderschöne Armea-Tal hinauffährt, erblickt nach einer Wegbiegung ganz plötzlich das anmutige Städtchen Ceriana mit seinen Backsteinhäusern, die sich fächerartig um einen Felssporn gruppieren. Ursprünglich lag der Stadtkern weiter unten im Tal, wo heute die ehemalige Pfarrkirche San Pietro steht, ein eindrücklicher romanischer Bau aus dem 12. Jahrhundert. Von hier aus führt ein Labyrinth verwinkelter Gäßchen zur neuen, großräumigen Pfarrkirche, die im 18. Jahrhundert anstelle des alten Kastells entstand. Unterwegs stößt man überall auf überraschende Kunstschätze: Basreliefs, Tore, Adelswappen und Kapellen aus verschiedenen Epochen, die Cerianas glanzvolle Vergangenheit bezeugen.

Das Städtchen hängt leidenschaftlich an seinen Traditionen, die in der Karwoche besonders stark zum Ausdruck kommen, wenn die vier Bruderschaften in der Pfarrkirche mit lebensgroßen Statuen aus dem 17. Jahrhundert einen Kreuzweg aufbauen und mit Blumenteppichen das Heilige Grab symbolisieren. Am Gründonnerstag werden abends die mittelalterlichen Bußgesänge angestimmt, und am Nachmittag des Karfreitags pilgern die Bruderschaften zu den vier Oratorien der Stadt. Diese Prozession ist ein wahres Schauspiel, an dem die ganze Bevölkerung teilnimmt: Geißelbrüder ziehen durch die engen, gewundenen Gassen und bilden mit ihren schwarzen Kapuzen, roten, grünen und weißen Kutten eine farbenprächtige Schlange. Überall sieht man kunstvolle Kruzifixe und Kreuze mit den Passionssymbolen. Einige Burschen tragen ein Kreuz, auf das andere in rhythmischem Abstand mit einer Peitsche einschlagen und so auf unblutige Weise an die öffentliche Geißelung erinnern, die noch bis ins 19. Jahrhundert üblich war.

S. 144/145
98 Ceriana, dessen heutiges Stadtbild auf das Mittelalter zurückgeht, ist eine Römergründung. Im 12. Jahrhundert dehnte sich die Siedlung vom Talgrund her auf der steilen, rechten Talflanke aus und wuchs in konzentrischen Kreisen den felsigen Grat hoch. Charakteristische überwölbte Durchgänge verbinden die zahlreichen Gäßchen untereinander.

99 Die Karfreitagsprozession von Ceriana führt durch enge, steile Gäßchen bis vor die Pfarrkirche Santi Pietro e Paolo und ist in der ganzen Stadt und in der Nachbarschaft sehr populär. In Ceriana wird alljährlich auch das Fest der «Sardenaira» gefeiert, einer ligurischen Pizza, für die traditionelle Zutaten der regionalen Küche – Öl, Knoblauch und Sardinen – verwendet werden.

100/102 Stimmungsbilder vom Karfreitag in Ceriana (vgl. Nr. 99).

105

106

Das Nervia-Tal, Dolceacqua

Das Nervia-Tal gehört zu den längsten Tälern der Riviera di Ponente. Seine Dörfer – sie liegen fast alle im Talgrund – besitzen bedeutende mittelalterliche Baudenkmäler und fügen sich, trotz unvermeidlicher Veränderungen, noch immer sehr harmonisch in die Landschaft ein. Das Tal hatte – wohl wegen der fehlenden politischen Einheit – nie große wirtschaftliche Bedeutung. Bauern und Hirten produzierten ausschließlich für den Eigenbedarf. Haupterzeugnis war und ist das Olivenöl; daneben konzentrierte man sich im oberen Tal (Buggio, Pigna und Castel Vittorio) auf Schafzucht und Pilze, im mittleren Tal (Dolceacqua, Isolabona, Rocchetta Nervina) auf Rebbau und hier vor allem auf die Herstellung des Rossese, den schon die Römer schätzten und den auch Napoleon und Claude Monet gerne tranken.
Im unteren Talabschnitt dominieren die Blumenkulturen (auf Feldern oder in Treibhäusern), die neben dem Tourismus Haupteinnahmequelle sind.
Die politische Aufteilung zwischen Genua, Marchesato Dolceacqua und Herzogtum Savoyen verlieh dem Nervia-Tal in der Vergangenheit strategische Bedeutung, wovon noch heute die befestigten Städte Pigna (Hauptort des oberen Tals, das unter piemontesischer Herrschaft stand) und Dolceacqua (Hauptort des Marchesato der Doria) zeugen.
Die Grafen von Ventimiglia bauten im 12. Jahrhundert die Burg von Pigna, von der allerdings nur die Erinnerung übriggeblieben ist. Hingegen dominiert das Kastell von Dolceacqua, trotz teilweiser Zerstörung, noch immer den ganzen Ort. Es wurde vor dem Jahre 1200 durch die Grafen von Ventimiglia zur Sicherung der Handelswege errichtet und 1270 an Emanuele Doria verkauft. Dieser ließ die ersten Umbauarbeiten ausführen. Zu den größten baulichen Veränderungen kam es im 15. und 16. Jahrhundert, als die Doria aus der militärischen Anlage eine befestigte Residenz machten. Deshalb die zahlreichen großen Fenster im Haupttrakt, durch die viel Licht in die reichmöblierten und mit Fresken ausgeschmückten Salons gelangen konnte.
Im Jahre 1745 wurde das Wohnschloß von französisch-spanischen Truppen zerstört und seither nicht wiederaufgebaut. Die Burg steht im Mittelpunkt vieler von Generation zu Generation überlieferter Sagen, deren bekannteste auch den Hintergrund eines Dorffestes bildet: Imperiale Doria hatte im 15. Jahrhundert das *jus primae noctis* wieder eingeführt, jenen noch in der Mozart-Oper «Figaros Hochzeit» anklingenden Brauch, daß die erste Nacht einer Jungvermählten dem Dienstherrn gehörte. Eine junge, verlobte Frau namens Lucrezia verweigerte sich dem Tyrannen und wurde deshalb in die Verliese der Burg geworfen, wo sie starb. Da erhob sich das Volk, nahm Imperiale Doria gefangen und zwang ihn unter Todesandrohung, das ungerechte Gesetz zurückzunehmen. Dieser Sieg wurde mit einem großen Fest gefeiert, für das die Frauen einen traditionellen Kuchen, die «micheta», buken. Jedes Jahr am 15. August gedenkt man jener Ereignisse und ißt «michete».
Unterhalb der Burg dehnt sich das Terra-Viertel, der alte Kern Dolceacquas, aus: ein wahres Labyrinth von Gäßchen, die den steilen Hügel hochklettern.
In einer kurzen Schlaufe des Nervia liegt die Pfarrkirche Sant' Antonio, deren Campanile auf einem ursprünglichen Eckturm fußt. Daneben befindet sich der Doria-Palast, in dem die Familie nach der Zerstörung der Burg im 18. Jahrhundert lebte. Noch heute existiert ein Privatdurchgang zu Sant' Antonio, der es den Doria erlaubte, ihre Privatloge im linken Seitenschiff der Kirche auf direktem Wege zu erreichen.
Am rechten Ufer des Nervia liegt Borgo, das eine hohe steinerne Bogenbrücke aus dem Spätmittelalter mit dem Terra-Viertel verbindet.

107 Dolceacqua dehnt sich an beiden Ufern des Wildbaches Nervia aus und wird vom Kastell der Doria (15. Jahrhundert) beherrscht. Eine mittelalterliche Bogenbrücke verbindet das westliche Viertel Borgo mit Terra, dem eigentlichen historischen Kern von Dolceacqua.

108 *Rocchetta Nervina im Einzugsgebiet von Dolceacqua liegt auf einem schmalen Hügel zwischen zwei Wasserläufen des Monte Alto, die in den Wildbach Nervia münden.*

109 *Apricale mit seinen an die Felswand geklebten Häusern bewahrt etliche Baudenkmäler aus dem Mittelalter. Die abgelegene Stadt ohne moderne Industrie verliert immer mehr Einwohner (seit 1951 ist deren Zahl von 978 unter 500 gesunken).*

Ventimiglia

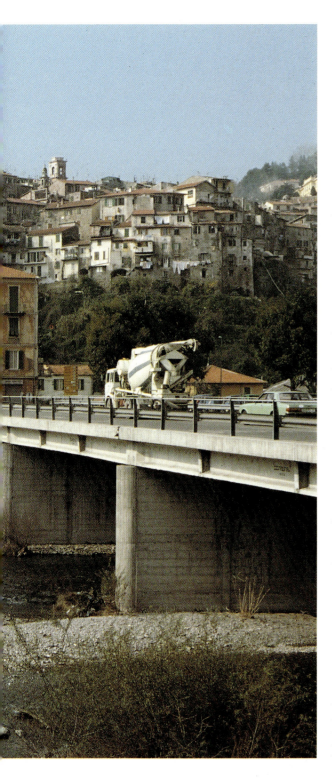

Wer sich Ventimiglia von Osten nähert, ist beeindruckt von der Geschlossenheit der auf einem Plateau über dem Roja-Fluß gelegenen Altstadt. Vom römischen Albium Intemelium, das sich in der Ebene nördlich des Roja ausdehnte, sind wenige, aber recht bedeutende Fundstücke erhalten. Das neue Ventimiglia entstand in sicherer Lage über dem Fluß und war lange Zeit Hauptort einer mit Genua verfeindeten Grafschaft. Ein getreuer Spiegel der Stadtgeschichte ist die Kathedrale, die sehr früh einen heidnischen Tempel ersetzte und zu Beginn des 13. Jahrhunderts umgebaut wurde. Nach der verhängnisvollen Belagerung durch Genua (1219) gingen die Erneuerungsarbeiten fieberhaft weiter. Auf diese Phase geht der heutige Grundriß der dreischiffigen Kathedrale zurück. Im 16. Jahrhundert kam es schließlich zu großen Veränderungen im Stil des Spätmanierismus. Aus dem 16. und 17. Jahrhundert stammt Ventimiglias Image als Grenzfestung und Stadt vergangener Grandezza. Noch heute überraschen die Paläste an der Hauptstraße mit ihren dem Meer zugewandten Gartenanlagen, die großen, der Klausur unterworfenen Klöster, die Oratorien der Bruderschaften.

Erst im Laufe des letzten Jahrhunderts dehnte sich die Stadt im Tal des Roja Richtung Eisenbahnlinie aus. Der Altstadthügel geriet langsam ins Abseits, blieb aber Bischofssitz. Inspiriert vom romantischen Zeitgeschmack, gab Arborio Mella der Kathedrale ein «mittelalterliches» Gesicht. In den letzten 40 Jahren ging der Zerfall der Altstadt ständig weiter. Schuld daran waren teils die Kriegsverwüstungen, teils der massive Zuzug der Nachkriegszeit. Die Neuankömmlinge finden in der Altstadt billige Wohnungen, während die Einheimischen mehr und mehr in die Ebene abwandern, wo dank der nahen Grenze zu Frankreich der Handel Aufschwung genommen hat. Einzig die Kathedrale wurde zwischen 1950 und 1970 restauriert, wobei die alten romanischen Formen wiederhergestellt wurden.

110 Blick über den von Kiesbänken durchzogenen Fluß Roja auf den historischen Stadtkern von Ventimiglia. Die Stadt war früher auf ihr natürliches Hinterland – die Täler des Roja und des Nervia – ausgerichtet; heute ist sie ein lebhaftes Handels- und Industriezentrum. Dank der nahen Grenze zu Frankreich hat sich der Dienstleistungssektor stark entwickelt, so daß auch Pendler aus den umliegenden Tälern Arbeit in Ventimiglia gefunden haben.

111, 112 Plätze und Gassen der Altstadt von Ventimiglia sind erhalten geblieben, weil die neuen Viertel in der Küstenebene unweit der Mündung des Nervia liegen.

113 Die Ruinen des römischen Theaters aus dem 2. Jahrhundert, eingeengt von Eisenbahnlinie und neuen Vierteln.

111

112

113

114–116 *Villa Hanbury in Mortola – zwischen Ventimiglia und der französischen Grenze – ist ein außergewöhnliches «naturhistorisches Museum» im Freien. Sir Thomas Hanbury legte hier 1867 einen der reichsten botanischen Gärten der Welt an. Heute gehört Villa Hanbury der Universität Genua und ist teils als öffentlicher Park, teils als botanischer Garten zugänglich.*

Villa Hanbury

Das kurze letzte Teilstück der Riviera di Ponente (und der benachbarten Côte d'Azur) hatte für die europäische Kultur im 19. und 20. Jahrhundert außergewöhnliche Bedeutung, was auch im Park der Villa Hanbury in Mortola zum Ausdruck kommt.

Hier legte Thomas Hanbury ab 1867 einen exotischen Garten an, in dem dank der günstigen klimatischen Verhältnisse bald rund 5000 seltene Pflanzen wuchsen. Die Hanbury waren Vertreter eines echten, gelehrten Mäzenatentums (das in der spätviktorianischen Gesellschaft nicht unüblich war) und machten die ehemalige Villa Orengo zu einem kosmopolitischen Zentrum, in dem sich wissenschaftliche Forschung mit der romantischen Vorliebe für das Mittelmeer und die Tropen verband. Sie hatten neben ihren botanischen Interessen auch ein feines Gespür für Landschaftsgestaltung, sammelten römische und mittelalterliche Fundstücke und richteten eine reiche Bibliothek ein.

Die Villa in Mortola war kein Einzelfall, sondern gehörte zu einer ganzen Reihe kultureller Initiativen, die von den Hanbury selbst (Villa in Alassio), von andern englischen Familien (Bibliothek Bicknell in Bordighera) oder von hochstehenden örtlichen Persönlichkeiten ausgingen (Ozeanographisches Museum in Monaco). In diesen Zusammenhang gehören noch zwei andere, sehr unterschiedliche Forschungsstätten: die Grimaldi-Grotten (Grotte bei Balzi Rossi) mit ihren großartigen prähistorischen Fundstücken und Villa Voronoff, wo in der Zwischenkriegszeit mit der «wunderbaren» Verjüngung des Menschen experimentiert wurde. Über dieser Welt aus Philanthropie und aristokratischer Zurückgezogenheit, Kulturbegeisterung und dekadentem Kitsch entlud sich unerbittlich das Gewitter des Zweiten Weltkriegs mit dem nachfolgenden Wirtschaftsboom, der in seiner Maßlosigkeit nichts respektierte.

115

116

VI Chiavari und der Tigullio-Golf

Von Westen kommend, erreicht man nach dem Kap von Portofino den weiten Tigullio-Golf, der kurz nach Sestri Levante bei Punta Manara endet. An diesem Küstenstrich liegen viele berühmte Ferienorte: Portofino, Paraggi, Santa Margherita, San Michele di Pagana, Rapallo, Zoagli, Chiavari, Lavagna, Cavi und Sestri Levante. Im Sommer, während der Hochsaison, arbeiten Hotels und Restaurants auf Hochtouren, und der Golf wimmelt von Booten und Wassersportlern. Meer und Strände sind jedoch nur ein Teilaspekt dieser in Wirklichkeit viel weiteren und vielschichtigeren Landschaft, deren jahrtausendealte Geschichte in Architektur, Landschaft und Traditionen zum Ausdruck kommt. Erst in der zweiten Hälfte des 19. Jahrhunderts begann an der Küste der Tourismus, der anfangs elitär-internationalen Charakter hatte und in den letzten Jahrzehnten immer mehr zur Massenerscheinung wurde; an einigen Orten hatte die Mode der Zweithäuser verheerende Folgen für die Landschaft.
Als dieser langsame, aber radikale Umwandlungsprozeß einsetzte, staken die traditionellen Erwerbszweige (Fischfang, Landwirtschaft, Textilmanufakturen) längst in der Krise. Tausende von Menschen sahen sich zur Emigration nach Amerika gezwungen. Das Tigullio hatte eine der höchsten Auswandererquoten des geeinten Italien. Aus Favale di Màlvaro im Fontanabuona-Tal stammte beispielsweise Amedeo Peter Giannini, Gründer der «Bank of America» und Präsident der «Banca d'America e d'Italia». Noch heute deuten Diminutive wie Amalita, Franchito, Juanito, Domingo, Teresita und Paolito auf die engen Beziehungen zu den lateinamerikanischen Ländern hin. Besonders in Chiavari hat der Wohlstand der heimgekehrten «Amerikaner» in Villen und Wohnhäusern der verschiedensten Stilrichtungen deutliche Spuren hinterlassen. Die Architektur der Jahrhundertwende wiederholte in größerem Maßstab die mittelalterliche Schachbrettanlage der Stadt und schloß so eine jahrhundertelange Entwicklung harmonisch ab. Die ursprüngliche, im 12. Jahrhundert gegründete Siedlung umfaßte die Burg, das religiöse und politische Zentrum an der Piazza San Giovanni Battista, Wohnhäuser und Laubengänge und erste Vorstadtviertel außerhalb der Mauer. Von der Zitadelle des 15. Jahrhunderts ist nur der Turm erhalten geblieben. Auf die Spätrenaissance und das 17. Jahrhundert gehen die Palazzi Rocca und Torriglia zurück, ebenso die Umgestaltung der Hauptkirchen und der Bau der Wallfahrtskirche Madonna dell'Orto (heute Dom). Im 18. Jahrhundert entstanden viele Adelspaläste wie etwa der Palazzo Falcone Marana.
Chiavaris Umgebung besitzt bedeutende Baudenkmäler. In Cogorno bauten die Fieschi einen gotischen Palast und 1245 – auf Geheiß Innozenz' IV., Sinibald Fieschi – die monumentale Kathedrale. Die abgelegene Abtei Sant' Andrea in Borzone ist ein großartiges Beispiel mönchischer Tradition. Auch im Hinterland von Rapallo finden sich Spuren der einstigen religiösen Präsenz (Ruinen des gotischen Zisterzienserklosters Valle Cristi, der romanischen Kirche San Tommaso und des Leprosoriums San Lazzaro). Chiavari selbst hat eine große Nekropole aus dem 8. und 7. vorchristlichen Jahrhundert. Die Fundstücke aus diesen Gräbern deuten auf eine schon hochentwickelte Klassengesellschaft hin, die vom Handel lebte. Die Grabsteine fertigte man aus lokalem Schiefer, der heute noch in der Bauwirtschaft Verwendung findet und ins Ausland exportiert wird.
Recht bekannt ist auch die Handwerkskunst. In Zoagli und Lorsica werden noch immer handgewobene Samt- und Damaststoffe hergestellt; Rapallo produzierte früher Klöppelspitzen, von denen das Stadtmuseum eine wertvolle Sammlung hat. Spitzenklöpplerinnen kann man heute noch in den Gassen des nahen Portofino bei der Arbeit beobachten, wo man ihre Erzeugnisse auch erstehen kann.

117 *Zu den beliebtesten Ferienzentren Liguriens gehört der Tigullio-Golf zwischen Portofino im Westen und Sestri Levante im Osten. Der Tourismus hat im Tigullio Tradition; schon gegen Ende des 18. und während des ganzen 19. Jahrhunderts waren viele Intellektuelle von jenseits der Alpen und die reiche Bourgeoisie Norditaliens von der Schönheit und dem milden Klima dieser Gegend bezaubert. Unser Bild: Die Küste bei Chiavari und Lavagna; die beiden Ferienorte sind Teil der praktisch durchgehenden Überbauung des Golfes.*

118 Chiavari bewahrt zwar bedeutende Zeugnisse mittelalterlicher Architektur und städtebaulicher Entwicklungen aus dem 19. Jahrhundert, erstickt aber heute mehr und mehr im Beton der Feriensiedlungen. Die Stadt ist Gerichts- und Bischofssitz und bietet viele verschiedene Schultypen an. Dies alles macht sie zum Mittelpunkt des Tigullio und des anschließenden Hinterlandes.

119 In Rapallo ist der alte Stadtkern vollständig von neuen Vierteln eingekreist. Die ersten Hotels und Ferienhäuser entstanden in der 2. Hälfte des 19. Jahrhunderts am Lungomare Vittorio Veneto. In den sechziger und siebziger Jahren unseres Jahrhunderts führte die Bauspekulation zur fragwürdigen Überbauung der ganzen Bucht und des Hügels.

S. 168/169
120 Blick auf Rapallo; in der Mitte der Bootshafen, rechts die Autobahn.

121 Die Villa Durazzo Centurione (heute in Gemeindebesitz) in Santa Margherita liegt inmitten eines weiten Parks hoch über der Stadt. Auf dem Bild die große Terrasse, deren Balustrade mit allegorischen Statuen aus dem 17. und 18. Jahrhundert geschmückt ist.

122 Eines der vielen figurengeschmückten Wasserbecken des im italienischen Stil gestalteten Parks.

123 Maskaronen (Fratzengesichter) unter einem Fenster der Villa Durazzo Centurione.

122

123

124–126 Chiavari. Am «Carrugio dritto», der alten Hauptstraße mit den charakteristischen Laubengängen, konzentriert sich seit dem 14. Jahrhundert der Handel der Stadt. An dieser Achse findet man heute noch alte Geschäfte mit wunderschönen Ladenschildern.

Offiziell heißt sie «Via Martiri della Liberazione», doch alle nennen sie «Carrugio dritto»: die alte, belebte Hauptstraße von Chiavari mit ihren vielen Läden und den Laubengängen. Ihre alte Bestimmung als Achse zwischen den – nicht erhaltenen – Stadttoren Capoborgo im Osten und Rupinaro im Westen kommt heute noch deutlich zur Geltung. Die andern Carrugi (Straßen) verlaufen ebenfalls parallel zum Meer und sind untereinander durch senkrecht dazu angelegte Nebenstraßen verbunden. Auf den ersten Blick ist man geneigt, dieses rechtwinklige Straßennetz den Römern zuzuschreiben; in Wirklichkeit stand jedoch Genua hinter dem bedeutenden und sorgfältig geplanten Werk (1167–1178). Die Superba (Genua) baute in jenen Jahren ihre Macht aus und hatte an Chiavari wegen seiner Grenzlage großes Interesse. Jenseits des Flusses Entella herrschten die Fieschi, die in der Riviera di Levante große Ländereien besaßen. Chiavari wurde als Garnison gegründet, die als Verkehrsknotenpunkt für den Handel zwischen Riviera und Hinterland rasch wuchs. Städtebaulich kamen die sozialen Unterschiede deutlich zum Ausdruck. Oben am Hang, unmittelbar unter der Burg, wohnte die Aristokratie, während die einfachen Leute ihre Häuser in Meeresnähe bauten. Der «Carrugio dritto» verband die beiden gegensätzlichen Welten. Er war die Straße des wohlhabenden Bürgertums und erhielt um die Mitte des 14. Jahrhunderts sein endgültiges Gepräge, das bis heute erhalten geblieben ist.

Chiavari und der Tigullio-Golf 173

125

126

127 Die Fieschi-Basilika San Salvatore ist eines der bedeutendsten Baudenkmäler Liguriens. Sie wurde um die Mitte des 13. Jahrhunderts vom Fieschi-Papst Innozenz IV. in Auftrag gegeben und 1252 vollendet. Den oberen Teil der dreigeteilten Fassade schmückt eine Marmor-Fensterrose; in der Lünette über dem gotischen Portal befindet sich ein gotisches Fresko. Bemerkenswert der quadratische Vierungsturm mit zwei Quattriforienreihen und darüber als Krönung die oktogonale Dachpyramide.

128 Detail der Holzdecke.

129 Detail der feinverzierten Orgel.

130 Die achtzehnspeichige Fensterrose leuchtet im Gegenlicht. Im August findet im Ort das Fest der «Torta dei Fieschi» statt, wobei ein großer Kuchen an die berühmte Genueser Familie erinnert.

127

28

29

130

131–133 Die Wallfahrtskirche Madonna delle Grazie zwischen Chiavari und Zoagli ist mit wertvollen Fresken ausgemalt: Szenen aus dem Leben Jesu von Teramo Piaggio (1539; unsere Bilder) und das Jüngste Gericht von Luca Cambiaso (Mitte 16. Jahrhundert).

132

133

134 Die berühmte Bucht von Portofino mit der Piazzetta, an der bis zu sechs Stockwerke hohe Fischerhäuser liegen, die heute zu Nobelresidenzen umgebaut sind.

135 Im Sommer leben in Portofino prominente Persönlichkeiten aus Wirtschaft und Showbusineß. Zusammen mit andern weltbekannten Badeorten am Mittelmeer (Porto Cervo, Monte Carlo, Saint-Tropez) gehört Portofino zu den Stationen, die auf einer Sommerkreuzfahrt nie fehlen dürfen.

Portofino und sein «Monte»

20 km östlich von Genua unterbricht das Vorgebirge («Monte») von Portofino plötzlich die Kontinuität der Küste. Von oben gesehen wirkt es wie ein mächtiges, ungefüges Viereck, am Süd- und Ostrand von verschieden breiten Buchten zerklüftet. Wenn man es jedoch zu Fuß durchwandert, entsteht ein ganz anderes Bild. Der «Monte» beeindruckt trotz seiner geringen Höhe (rund 600 m) und bezaubert durch die Vielfalt seiner großartigen Ausblicke und Landschaften. Bei genauer Analyse treten die natürlichen und von Menschen geschaffenen Besonderheiten dieses einzigartigen Berges vollends zutage.
Interessant ist allein schon das geologische Substrat: im Süden jüngeres Sedimentärgestein, im Norden eindrückliche ältere Stratifikationen, an der Westküste durch Erosion geschaffene Felsüberhänge.
Die höchsten Erhebungen im Süden halten einerseits die Meerwinde, andererseits den kalten Nordwind (Tramontana) ab. Beträchtliche Unterschiede in der Sonneneinstrahlung und Bodenbeschaffenheit ermöglichen das Nebeneinander verschiedener Klimate, Tier- und Pflanzenarten. An den felsigen Südhängen ist die Vegetation mediterran: Pinien, Macchia, Heidekraut. An den Nordhängen dominieren hingegen Kastanien, Haselsträucher, Rotbuchen, Moos, Farne und andere Pflanzenarten, die auf dieser Höhe und in Meeresnähe selten sind. Der «Monte» gehört zu den pflanzenreichsten Gebieten Italiens: Ein Fünftel aller auf italienischem Staatsgebiet vorkommenden Arten ist hier vertreten.
Ebenso schön und anziehend ist das Meer. Taucher finden vor allem an den steilen Felswänden der Südküste eine außerordentlich reiche Unterwasserfauna und -flora.
In der fast unberührten Natur des «Monte» haben sich seit Jahrhunderten Menschen angesiedelt, die hier zahlreiche Quellen vorfanden. Auch die Abtei San Fruttuoso in Capodimonte – eine der Hauptsehenswürdigkeiten Italiens und ein großartiges Beispiel für die Verschmelzung von zauberhafter Natur und hervorragender Architektur – liegt an einer Quelle, die bei der Gründung des Benediktinerklosters, dessen Bau aus dem 10.–13. Jahrhundert stammt, eine entscheidende Rolle spielte. San Fruttuoso zählte im Mittelalter zu den reichsten und mächtigsten Abteien Italiens (das Kloster besaß Ländereien in Ligurien, der Poebene und sogar auf Korsika und Sardinien), dann kam eine lange Zeit des Verfalls, bis der «Fondo per l'Ambiente Italia» eine umfassende Restaurierung des Gesamtkomplexes beschloß.
Wenige Kilometer entfernt hat eine einstige Klosterbesitzung Weltberühmtheit erlangt. Portofino, im Innern einer herrlichen, windgeschützten Bucht gelegen, war schon den Römern als Portus Delphini bekannt; heute ist das ehemalige Fischerdorf bevorzugtes Ferienziel der internationalen Schickeria. Die alten farbigen Häuser und unauffällig im üppigen Grün verstreuten Villen und Hotels beherbergen nun Milliardäre und Prominente aus aller Welt. Im kleinen Hafen legen riesige Yachten an. Luxusgeschäfte und exklusive Lokale säumen die Gassen (calate) und den großen gepflasterten Platz.
Ebenso faszinierend wie der Ort Portofino selbst ist dessen unmittelbare Umgebung: Punta del Capo mit dem Leuchtturm steil über dem Meer, das ebenfalls auf dem zum Kap führenden Bergrücken gelegene, besichtigenswerte Castello di San Giorgio und die ganze Ostflanke des «Monte» mit prächtigen Ausblicken, Villen, wunderschönen Parkanlagen, der Abtei San Girolamo della Cervara (14. Jahrhundert), Klippen, Stränden und der herrlichen Bucht von Paraggi.

136 Die Abtei San Fruttuoso vom Meer her gesehen. Die Ursprünge des Klosterkomplexes gehen auf das 8. Jahrhundert zurück, doch die jetzige Abtei wurde im 10.–13. Jahrhundert erbaut und gelangte in den Besitz der Familie Doria, der sie im 13./14. Jahrhundert als Grablege diente (vgl. Nr. 137). Die markante frühromanische Kuppel der Kirche erhebt sich hinter der 1934 rekonstruierten, spätgotischen Seefront des Abtspalastes mit ihren Arkaden und großen Triforienfenstern.

137 *Grablege der Doria. In den Arkosolgräbern mit schwarzweißer Inkrustation (weißer Marmor und schwarzer Stein) fanden zwischen 1275 und 1305 die Familienmitglieder der Doria ihre letzte Ruhe.*

138, 139 *Der zweistöckige Kreuzgang von San Frutttuoso (10. Jahrhundert) zwischen Klostergebäude und Kirche; er besteht aus zwei übereinanderliegenden Arkadengängen, die auf älteren, wiederverwendeten Säulen ruhen.*

138

139

140 Der «Insel» genannte Teil von Camogli mit der Pfarrkirche Santa Maria Assunta, die im 12. Jahrhundert erbaut und später erweitert und umgebaut wurde. Kirche und umliegende Häuser befinden sich am Rande des Ortes.

141 Der kleine Fischerhafen von Camogli.

S. 186/187
142 Camogli vom Meer her gesehen. Die typischen farbigen Fassaden beleben die einfache Architektur der hohen Häuser. Der Ort entwickelte sich im 15. Jahrhundert vor allem längs der Strandpromenade.

Das Vara-Tal ist von einer bäuerlich-armen, erdverbundenen Kultur geprägt, die sehr wenig mit dem stereotypen Klischee-Ligurien der Seefahrer und Kaufleute zu tun hat. Es besitzt noch immer fast unberührte Landschaften und bedeutende Beispiele sogenannter Lokalarchitektur, obwohl die tiefgreifenden Veränderungen der Nachkriegszeit auch in dieser Region das traditionelle wirtschaftliche Gleichgewicht ins Wanken gebracht haben. Zum Teil noch erhaltene Sitten und Bräuche haben jahrhundertelang den Lebensrhythmus der Talgemeinschaft bestimmt. Ein Brief aus dem Jahre 1388 berichtet über das Weihnachtsfest im Hause eines gewissen Brandino in Pulica: Man verbrannte im Kamin einen großen Olivenstamm und aß «ein gewisses grobkörniges Brot, schmackhafte Lasagne, in der Glut gekochte Rüben, Kastanien und süße Äpfel». Zwei Jahrhunderte später schrieb der Erzpriester von Varese Ligure über «eitle Bräuche und Belustigungen» wie wilde Wolfsjagden und heidnische Hochzeitsriten. Seit alters her beschäftigte man sich im Vara-Tal mit Viehzucht und Holznutzung. In den Wäldern wachsen Eichen, Buchen (Monte Gottero), Kiefern (Suvero und Calice) und Kastanienbäume (in den untern Regionen). In einer auf Selbstversorgung ausgerichteten Wirtschaft kam der Kastanie große Bedeutung zu. Sie war das tägliche Brot für die Bevölkerung des innern Apennin.

143

Chiavari und der Tigullio-Golf 189

143, 144 Die Kirche von Scurtabò (Varese Ligure) im oberen Vara-Tal.

145 « Borgo Nuovo » (Neustadt); im Mittelpunkt dieses jüngeren Teils von Varese Ligure, das am Ausgangspunkt einer Paßstraße gelegen ist, erhebt sich die Kirche der Heiligen Filippo Neri und Teresa von Avila mit einer Fassade aus dem 18. Jahrhundert.

Bis ins 19. Jahrhundert waren Maultierkarawanen, Reisende und Kaufleute fast immer auf beschwerliche, unsichere Straßen angewiesen. Wer von Chiavari oder Sestri Levante nach Parma reisen wollte, mußte den Paß der Cento Croci (Hundert Kreuze) überqueren, der in sehr schlechtem Ruf stand. Eine Chronik aus dem oberen Vara-Tal spricht 1558 von einem «grauenvollen, wilden und finsteren Ort, bekannt als Monte di Lamba, wo außer jenen, die durch Mörderhand sterben, was nicht wenige sind, auch ungezählte Personen im Schnee, im Sturm oder im kalten und schrecklichen Wetter umkommen, weshalb dieser Ort Monte dei Cento Croci genannt wird...». Wer alle diese Gefahren glücklich überstanden hatte oder sie noch vor sich hatte, machte am Ausgangspunkt der Paßstraße, im sicheren Varese, halt. Der Ort war in der Nähe eines alten Pfarrsprengels gegründet worden, wo noch früher vermutlich eine ligurisch-römische Siedlung bestanden hatte. Seine heutige Anlage ist ein ziemlich getreues Abbild der politischen Geschichte. Im Übergang vom 14. zum 15. Jahrhundert legten die Fieschi den einmaligen kreisrunden «Borgo Rotondo» an, der als Kapitalanlage und Machtdemonstration eines schon anachronistisch gewordenen Feudalsystems gleichzeitig Verteidigungs- und Handelsfunktionen zu erfüllen hatte. Ganz anders der jüngere «Borgo Nuovo» (Neustadt), der sich unter genuesischer Herrschaft frei entwickeln konnte.

146, 147 «Borgo Rotondo» (runde Stadt); durch den älteren Teil von Varese Ligure verläuft ein schmaler Laubengang.

148 Zoagli, ein kleiner Ort im Tigullio-Golf, liegt an der Mündung des Wildbaches Semorile und ist rundum von steil ins Meer abfallenden Felswänden begrenzt. Seit dem 13. Jahrhundert ist hier die Samtweberei bekannt, die zwischen 1400 und 1600 ihre Blütezeit hatte und sich bis heute neben dem Tourismus behaupten konnte.

149 Ein Samtwebstuhl.

149

Unterwegs in Italien: Ligurien

VII Von La Spezia zur Lunigiana

In der 1923 geschaffenen Provinz La Spezia sind sehr unterschiedliche Regionen administrativ zusammengefaßt. Dieser äußerste Zipfel der Riviera di Levante ist eine abwechslungsreiche Landschaft, wo Flüsse und Bergkämme einheitliche, aber oft nicht zusammenhängende historisch-geographische Räume geschaffen haben. Den Abschluß des Gebietes bildet das seit Urzeiten kultivierte untere Magra-Tal, das von den ersten Ausläufern der Apuanischen Alpen und dem Vorgebirge von Montemarcello begrenzt wird. Das Magra-Tal ist geschichtlich eng mit der Ebene und dem Golf von La Spezia verbunden. Beide Regionen wurden zuerst von den Römern (gemeinsames Straßennetz) und dann im Mittelalter von Feudalherren und schließlich von Genua beherrscht. Heute wirkt La Spezia als Magnet für Arbeitskräfte aus dem Magra-Tal. Eine völlig andere Geschichte hat der Küstenstreifen zwischen Punta Mesco und Portovenere, den Jacopo Bracelli im 16. Jahrhundert als Felsenriff beschrieb, «auf dem fünf Dörfer liegen». Seither hat sich der Name Cinqueterre (terra = Dorf) eingebürgert. Die Ausläufer des Apennin fallen hier jäh ins Meer ab; nur hier und da wird die Steilküste von schmalen Plateaus unterbrochen, die gerade genug Platz bieten für ein Dorf, ein paar Weinberge und Olivenhaine. Seit uralten Zeiten hat man hier das Land mittels Steinmauern terrassiert, die sich genau dem Terrain anpassen und die Landschaft entscheidend prägen. Verbindungsstraßen gab es nicht; deshalb wich die Bevölkerung auf die Wasserwege aus. Durch die jahrhundertelange Abgeschlossenheit bewahrten die Cinqueterre ihre Kultur und ihre Lebensformen.
Die Riviera die Levante hat (wie ganz Ligurien) keine einheitliche Geschichte. Dieser Region gemeinsam waren nur die «großen Ereignisse», die hier kurz erwähnt werden sollen.
Das ursprünglich von den Apuanischen Ligurern bewohnte Gebiet wurde von den Römern in Bezirke *(pagi)* eingeteilt, deren befestigte Zentren

150 Strandpromenade Costantino Morin in La Spezia. Die junge Stadt, deren Urzelle das Arsenal ist, hat es verstanden, ihre militärische Bestimmung durch rege Handelsaktivitäten zu ergänzen. La Spezia ist ein wirtschaftlicher Aufsteiger; der rasant expandierende Hafen ist in den letzten Jahren immer stärker zum natürlichen Meereszugang für das reiche Industrie- und Landwirtschaftspotential der Emilia geworden, mit dem er durch die Autostrada della Cisa direkt verbunden ist.

151   An der Piazza Verdi trifft sich La Spezias Jugend. Links der Palazzo della Posta, der wie andere öffentliche Gebäude der Stadt nach 1923 entstanden ist, als La Spezia Provinzhauptort wurde.

auf den Hügelkämmen lagen. Erbitterten Widerstand leisteten die Ligurer den Römern, die die Riviera di Levante auf der Schwelle vom 3. zum 2. Jahrhundert v. Chr. eroberten und 177 v. Chr. an der Mündung des Magra in Küstennähe die Militärbasis Portus Lunae gründeten. Die Garnison entwickelte sich bald zu einer blühenden Stadt und stieg dank ihrem Hafen und den Marmorbrüchen in den Apuanischen Alpen zu einem bedeutenden Handelszentrum auf. Die archäologische Zone (Luni) kann besichtigt werden. Wichtigste Stütze der römischen Kolonisation waren die Straßen. Über die im Jahre 109 v. Chr. eröffnete Via Aemilia Scauri gelangte man von Luni durch das Magra-Tal und über den Cisa-Paß in die Emilia-Romagna (Fidenza, Piacenza) und ins Piemont (Tortona); die Via Aurelia nuova führte seit dem 3. Jahrhundert n. Chr. von der Magra-Ebene über Ceparana, das Vara-Tal und den Bracco-Paß an die Küste; im Jahre 155 v. Chr. war auch eine teilweise schon bestehende Küstenverbindung zwischen Luni und Genua ausgebaut worden.

Nach dem Untergang des Römischen Reiches gehörte die Riviera di Levante bis zum Jahre 643 zur oströmischen «Provincia Maritima Italiorum»; dann kamen die Langobarden und, im 8. Jahrhundert, die Franken. Die Marmorstadt Luni wurde aufgegeben, die Magra-Ebene versumpfte, der Hafen verlandete und die Bevölkerung zog sich in kleine befestigte Orte zurück.

Mit dem Zerfall des Karolingerreichs um die Mitte des 10. Jahrhunderts fiel die erste territoriale Neuordnung des Gebietes durch Berengar II., König von Italien, zusammen. Ganz Ligurien wurde in drei Marken aufgeteilt; die Levante und Genua fielen den Obertenghi zu, die mittels der mächtigen Feudaldynastien der Malaspina und der Massa herrschten.

Das 10. und 11. Jahrhundert waren vom Kampf gegen die Sarazenen geprägt. Gleichzeitig wuchs das ausgedehnte Netz mittelalterlicher Pfarrsprengel: Marinasco, Ceula, Framura, Migliarina, Sorano. Schon im 8. Jahrhundert hatten die Benediktinermönche von Bobbio das Kloster Brugnato gegründet und damit die landwirtschaftliche Nutzung der umliegenden Gebiete eingeleitet. Auf der Tino-Insel blühte das Benediktinerkloster San Venerio (Ruinen aus dem 11. Jahrhundert).

Zwischen dem 11. und 12. Jahrhundert entstanden auf den Bergkuppen der Lunigiana und längs der Flußläufe der Cinqueterre zahlreiche Siedlungen, die heute noch erhalten sind. Die Macht lag größtenteils in den Händen des Feudaladels. Größter Feudalherr war der Bischof von Luni, dem der Kaiser 963 einige Festungen geschenkt hatte (Ameglia, Sarzana, Vezzano) und der bis ins 13. Jahrhundert unumschränkt herrschte. Dieser bischöflichen Dominanz widersetzten sich die lokalen Feudalgeschlechter: die Fieschi und die Da Passano in den Cinqueterre, die Vezzano in Vezzano und in Portovenere. Sarzana wurde eine freie Kommune und stieg dank seiner verkehrstechnisch günstigen Lage an der Via Francigena im 12. und 13. Jahrhundert zu einem reichen Handelszentrum auf.

Genuas Präsenz in der Region begann um die Mitte des 12. Jahrhunderts. Die Stadt hatte 1160 den Herren von Vezzano die Festung in Portovenere abgekauft und ihre Besitzungen danach kontinuierlich ausgedehnt, und zwar durch finanzielle Transaktionen, gewagte Kirchenpolitik (die neugegründete Diözese Brugnato und das Kloster auf der Insel Tino wurden in der ersten Hälfte des 12. Jahrhunderts dem Erzbistum Genua einverleibt) und – seltener – militärische Eingriffe. Seit Beginn des Hochmittelalters teilte dann der östlichste Zipfel der Riviera di Levante endgültig die Geschicke Genuas.

La Spezia, die Stadt vom Reißbrett; das Arsenal

Heute ist es schwierig geworden, in La Spezia den unmittelbaren Zusammenhang zwischen Arsenal und städtebaulicher Entwicklung zu erkennen. Zu sehr hat sich das Stadtbild im 20. Jahrhundert verändert. Die Bomben des Zweiten Weltkriegs haben das alte La Spezia zerstört; im Osten wurde es von neuen Vierteln überwuchert. Das Arsenal ist heute an den Rand gerückt, sein einstiger Glanz ist längst verblichen. Und doch hatte das von Domenico Chiodo mit viel originellen Ideen und technischer Kompetenz geplante, zwischen 1867 und 1880 gebaute Gelände den Anstoß zur Verwirklichung vieler städtebaulicher Projekte gegeben. Besonders nach der Cholera-Epidemie von 1884 hatte man sich beeilt, für die zahlreichen Arsenalarbeiter (1890 waren es 7800) zweckmäßige und hygienische Wohnungen zu bauen. Das Arsenal liegt am äußeren Westende des Golfes von La Spezia und umfaßt zwei durch einen Kanal getrennte Hafenbecken (das zweite mit zehn Docks), neun Hellingen und eine ganze Reihe zum Teil noch erhaltener Hafengebäude, wo einst Schmiede, Schreiner und Zimmerleute Harpunen, Bemastung, Segel, Bordausstattungen und anderes herstellten. Daneben gibt es auch zahlreiche Lagerräume und Verwaltungsgebäude. Der ganze Arsenal-Komplex liegt hinter einer mittelalterlich anmutenden Mauer mit einem pompösen Portal, das an Festungen aus dem 16. Jahrhundert erinnert. Die neuen Viertel des 19. Jahrhunderts und die Arbeitersiedlung Umberto I. von 1889 (992 Wohnungen in monotonen Reihenhäusern) wurden alle im Umkreis des Arsenals gebaut. Hinter dieser Politik standen nicht nur praktische Überlegungen (Wohnung in der Nähe des Arbeitsplatzes), sondern auch ideologische Gründe: Das Königshaus Savoyen und die italienische Regierung hatten die feste Absicht, La Spezia zum italienischen Kriegshafen schlechthin auszubauen und auf diese Weise ehrgeizige Pläne aus der Zeit der Französischen Revolution und Napoleons zu verwirklichen.

Die militärische Bestimmung hat dazu geführt, daß La Spezia, trotz seines wunderschönen natürlichen Golfs, nie ein richtiger Ferienort geworden ist. Diese Rolle fiel Lerici und Portovenere zu, besonders als in La Spezia gegen Ende des 19. Jahrhunderts im Osten des Arsenals mit dem Bau eines neuen Handelshafens begonnen wurde, der nach verschiedenen Unterbrechungen um 1920 beendet war und die Stadtfläche weit nach Osten, bis über den Cappuccini-Hügel, erweiterte.

Die Schöpfer des neuen La Spezia waren Architekten wie Giovanni Panconi, Raffaello Bibbiani, Vincenzo Bacigalupi, Giorgio Guidugli. Sie entschieden sich für altbewährte, aber großzügige Lösungen. Beispiele dafür sind die Paläste an der Via Chiodo, Persio und Cadorna, die großen Alleen (Viale Mazzini, Garibaldi, Regina Margherita), die Meerespromenade und der Stadtpark. Künstlerisch überwiegen – mehr als in andern ligurischen Städten – eklektische Tendenzen der Jahrhundertwende, mit nicht gerade originellen Einsprengseln von Jugendstil. Diesen einförmigen Rahmen sprengen einzig die Bauten des faszinierenden Architekten Franco Oliva (1885–1954), der von der Kunstkritik leider bis heute vernachlässigt worden ist. Gebäude wie der Palazzo del Ghiaccio (1920), die Villa Cetrangola (1920), das Teatro Cozzani (1925), das Teatro Civico (Stadttheater, 1933) und das Regierungsgebäude (1928, heute Präfektur) beweisen, daß er die nationalen und internationalen Kunstrichtungen von der Wiener Secession bis zur Art deco mitverfolgte. Einen bedeutenden Anteil an der Kunstdiskussion hatte die Zeitschrift «L'Eroica», die auf Initiative des Literaten Enrico Cozzani 1911–1944 in La Spezia erschien und moderne Maler und Graveure (von Adolfo De Carolis bis Adolfo Wildt) zu ihren Mitarbeitern zählte.

S. 198/199
152 Der innere Teil des Golfs von La Spezia. Im Vordergrund das Arsenal, das 1869 eröffnet wurde, nachdem Cavour 20 Jahre zuvor die Verlegung des italienischen Kriegshafens von Genua nach La Spezia beschlossen hatte. Die ursprünglich rein militärische Anlage diente neben der Rüstungsindustrie auch dem kommerziellen Schiffbau.

153 Frachtschiffe auf Reede vor La Spezia, dessen Hafen vor allem Tanker- und Containerschiffe anlaufen.

Die Pfarrkirchen der Cinqueterre

Die Cinqueterre – Monterosso al Mare, Vernazza, Corniglia, Manarola und Riomaggiore – bildeten schon im Mittelalter eine in mancher Hinsicht einheitliche Region. Alle fünf, ursprünglich landeinwärts gelegene Dörfer, waren später an die Küste verlegt worden und lebten eher von der Landwirtschaft als vom Fischfang; alle standen einst unter der Herrschaft lokaler Familien (die Lagneot in Monterosso, die da Passano in Vernazza, die Carpena in Riomaggiore) und gerieten nach dem 12. Jahrhundert in den Sog der genuesischen Expansionspolitik. Diese auch kulturell gemeinsame Entwicklung kommt vor allem in den fünf Pfarrkirchen zum Ausdruck, die in einer Zeitspanne von 60–70 Jahren im 13. und 14. Jahrhundert entstanden sind. Baumeister, Steinmetze und Zimmerleute aus Genua trugen den romanischen Stil der Antelami-Schule in die Provinz hinaus, die seit ihrer endgültigen Zugehörigkeit zu Genua im 13. Jahrhundert einen starken wirtschaftlichen Aufschwung erlebt hatte und nun eine rege Bautätigkeit entwickelte. Diesen sogenannten Magistri Antelami bot sich eine ausgezeichnete Gelegenheit, ihre reichen Erfahrungen in der profanen und sakralen Architektur anzuwenden.

Die älteste Pfarrkirche der Cinqueterre steht in Monterosso. Sie wurde 1282 begonnen und 1307 beendet und ist Johannes dem Täufer, einem typisch genuesischen Heiligen, geweiht. Später folgten Santa Margherita d'Antiochia in Vernazza (um 1318), San Giovanni Battista in Riomaggiore (1340), San Pietro in Corniglia (zwischen 1335 und 1351) und San Lorenzo in Manarola (begonnen 1338). Gemäß alter Tradition mußten die Kirchen nach Osten ausgerichtet sein; das war in den Cinqueterre schwierig, denn in den engen Dörfern auf ihren steil zum Meer abfallenden Felsen war Freiraum knapp. Die Architekten mußten sich also immer wieder neue Lösungen einfallen lassen, ohne dabei die künstlerische Harmonie zu vernachlässigen. In Monterosso etwa erlaubte der trapezoidförmige Grundriß die bestmögliche Ausnutzung des vorhandenen Raumes. Mehr Platz stand in Riomaggiore und Manarola zur Verfügung, deren Pfarrkirchen deshalb eine regelmäßigere Form haben. San Pietro in Corniglia paßt sehr gut zu den umliegenden Häusern und schmiegt sich unauffällig an das abschüssige Gelände. Besonders typisch für die Cinqueterre ist Santa Margherita in Vernazza. Die Kirche steht auf einem mächtigen künstlichen Sockel direkt am Meer und ist eine Art Ansammlung architektonischer und künstlerischer Ideen, die in der zweiten Hälfte des 12. Jahrhunderts in verschiedenen Kirchen Genuas verwirklicht worden waren. Sie besitzt einen oktogonalen, mehrstöckigen Turm und eine fast geradlinige Apsis (Vorbild war San Damiano in Genua), die eher wie eine Fassade wirkt und daher auch eine Tür hat.

Wie alle Magistri Antelami überließen auch die in den Cinqueterre tätigen Baumeister die Bildhauerarbeiten andern Künstlern (nur in Riomaggiore verwendeten sie einige bereits bestehende Reliefs wieder). In den «Fünf Dörfern» wirkten zwei Brüder aus Pistoia: Magister Mattheus und sein Bruder Petrus. Sie hatten reiche Erfahrung mit Carrara-Marmor, was in der Genauigkeit und Feinheit ihrer Arbeiten deutlich zum Ausdruck kommt. Die beiden Künstler schufen die Fassaden der Kirchen von Monterosso, Manarola und Corniglia mit ihren wunderschönen Fensterrosen aus ineinandergeflochtenen Bögen (um 1351). Ihre Handschrift tragen auch der hl. Petrus von Corniglia und das Agnus Dei von Monterosso. In den Cinqueterre verband sich so die «romanische Kontinuität» der Architektur mit spätgotischer Freude am Ornament.

154 Inmitten von terrassierten Olivenhainen über Monterosso liegt die Wallfahrtskirche Madonna di Soviore. Die alte, im 14. Jahrhundert umgestaltete Kirche besticht durch ein schönes Spitzbogenportal mit Marmor-Basrelief. Vom weiten Kirchplatz mit den schattenspendenden Steineichen genießt man eine herrliche Aussicht auf Küste und Meer. Unser Bild zeigt das Innere der Kirche; oben auf dem Beichtstuhl steht eine originelle Votivgabe.

155 Eine moderne Neptunstatue («Il Gigante») beherrscht die Küste bei Monterosso, dessen bauliche Struktur infolge der jahrhundertelangen Isolation vollständig erhalten geblieben ist. Die eher von Bauern als von Fischern bewohnten Dörfer der Cinqueterre sind erst seit kurzer Zeit touristisch erschlossen. Bis vor wenigen Jahren waren sie nur zu Fuß oder per Bahn erreichbar. Heute ermöglichen Verbindungsstraßen den Anschluß ans Hinterland. Außerdem kann man auf der teilweise eröffneten Küstenstraße von La Spezia aus nach Riomaggiore und Manarola gelangen.

156 Fegina, der Strand von Monterosso.

S. 206/207
157 Der Friedhof von Monterosso liegt oben auf dem Hügel San Cristoforo, von wo man eine herrliche Rundsicht auf die Cinqueterre und Fegina (Nr. 156) hat. Auf dem Friedhofgelände befinden sich die Reste des Schlosses der Obertenghi.

156

158–160 Einige charakteristische Elemente der genuesisch-gotischen Architektur von Monterosso, das ab 1276 zur Republik Genua gehörte.

160

161 *Vernazza, Inneres der Pfarrkirche Santa Margherita d'Antiochia, die auf einem Felssporn über dem Meer liegt. Die 1318 im Stil der ligurischen Gotik erbaute Basilika weist im Innern Rundbögen auf, die das Mittelschiff von den Seitenschiffen abtrennen.*

162 *Strand bei Vernazza.*

163 *Die Küste zwischen Corniglia und Manarola.*

164 *Teilstück des alten Weges zwischen Corniglia und Vernazza.*

164

165, 166 *Corniglia liegt beherrschend auf einem Plateau, dessen Rebberge einen ausgezeichneten Wein ergeben. Eine unermeßliche, mit dem Horizont und der zerklüfteten Küste verschmelzende Meeresfläche bildet den Hintergrund des kleinen Ortes, der eher der Landwirtschaft als dem Fischfang zugeneigt ist.*

167, 168 *Manarola liegt auf einem Felssporn, hat aber unten am Meer, in geschützter Lage, einen kleinen Hafen. Auch hier sind – wie überall in den Cinqueterre – die Rebberge das Hauptelement der Landschaft.*

168

169 *Riomaggiore ist die östlichste Gemeinde der Cinqueterre; die alten hohen Häuser sind stufenförmig an den Hang gebaut.*

170 Pfarrkirche San Giovanni Battista (Teilansicht).

Das Stadtbild von Portovenere ist überwiegend mittelalterlich. Trotz phantasievoller «Ursprungssagen», «frommer Legenden» und eines vielversprechenden Namens (er bedeutet «Hafen der Venus» oder «Hafen der Liebe») scheint die angebliche römische Vergangenheit keine eindeutigen Spuren hinterlassen zu haben.
Portovenere wurde 1113 von Genua erobert und blieb jahrhundertelang Brückenkopf der Riviera di Levante. Diese Bindung an Genua war das tragende Element der Stadtgeschichte. Portovenere war zugleich Militärstützpunkt und Fischersiedlung und wuchs deshalb um zwei Kerne herum: um das alte castrum auf dem Arparia-Felsen und um den genuesischen burgus im Westen. Verbindendes Element war eine Straße (via publica), die den ganzen befestigten Ort durchquerte.
Oben auf dem Hügel steht die Kirche San Pietro, ursprünglich ein kleines einschiffiges Kirchlein (fälschlicherweise als frühchristlich bezeichnet), das im 11. Jahrhundert entstand, als Portovenere Lehen der Familie Vezzano war. Im 13. Jahrhundert (1256–1277) integrierten die Genuesen diesen ersten Bau in ihre neue gotische Kirche. Unter der dominierenden Burg befindet sich auf einer breiten, künstlich geschaffenen Plattform die Pfarrkirche San Lorenzo, die nach der Eroberung durch Genua erbaut und 1130 von Papst Innozenz II. geweiht wurde.

171 Blick auf die in Inseln (Hintergrund) auslaufende, zerklüftete Küste (vgl. Nr. 175).

172 Die Kirche San Lorenzo in Portovenere steht auf einem dem offenen Meer zugewandten Felsen. Wenn die Wellen bei einer Sturmflut gegen das Fundament der Kirche krachen, ist es besonders faszinierend, auf der kleinen Terrasse vor der Kirche zu stehen und sich das Naturschauspiel anzuschauen.

173 Der Ferienort
Fiascherino mit seinen kleinen
Buchten und der üppigen
Mittelmeervegetation.

174 Das bezaubernde Dorf Tellaro liegt auf einem Felsvorsprung im Golf von La Spezia.

S. 224/225
175 Lerici und seine Bucht werden ganz von der imposanten Burg beherrscht, die zu den eindrücklichsten Beispielen der mittelalterlichen Militärarchitektur gehört. Im Hintergrund von links die Inseln Tinetto, Tino (mit einem großen Leuchtturm) und Palmaria. Sie schließen den Golf im Westen ab und dienen vor allem als militärische Stützpunkte.

176, 177 *Die Festung Sarzanello wurde um 1322 von Castruccio Castracani erbaut, im Laufe der Zeit mehrmals umgestaltet und erweitert und kürzlich restauriert. Die Anlage hat die Form eines gleichschenkligen Dreiecks und wird von einem breiten Schutzwall umgeben. Im Sommer finden in der Festung viele kulturelle Veranstaltungen statt.*

Die mittelalterlichen Hügeldörfer der Lunigiana

Auf den Bergrücken am Rande der Magra-Schwemmlandebene erheben sich kleine Orte, die im Laufe des Hochmittelalters als Verteidigungsanlagen in geographisch beherrschender Lage über dem Tal entstanden sind. Ihre Gründung fällt mit dem Zusammenbruch des Römischen Kaiserreichs (in der Lunigiana bedeutete er das Ende der Stadt Luni) und der nachfolgenden feudalen Neuordnung des Landes zusammen. Die befestigten Siedlungen wurden in unmittelbarer Nähe der wichtigen Verkehrsverbindungen angelegt und hatten zuerst ausschließlich militärische Funktion. Nach und nach übernahmen sie auch eine führende Rolle in der Wirtschaft der von Großgrundbesitzern wie den Malaspina, den Vezzano und dem Bischof von Luni beherrschten Region. Diese Epoche ging im 13. Jahrhundert zu Ende, als die Republik Genua sich einen Ort nach dem andern einverleibte. Architektonisch stellen die Hügeldörfer etwas ganz Besonderes dar, was auf ihre ursprünglich militärische Bestimmung und die einmalige Verschmelzung von Architektur und Landschaft zurückzuführen ist. Die Häuser wurden in dichten konzentrischen Kreisen (Ortonovo) oder Ellipsen um die Bergkuppen herum gelegt, wobei man genau dem Terrain folgte und auch die Sonneneinstrahlung einbezog. Untereinander sind diese Ringe oder Ellipsen durch Treppen und Gäßchen verbunden. Zuoberst auf dem Hügel befanden sich die Verteidigungsanlagen: eine Burg mit freistehendem Turm (noch gut sichtbar in Ameglia und Ortonovo) und mehrere Mauergürtel, die sich quer durch die Reihen der Häuser zogen. Das Ganze wurde durch eine Art befestigten Ring abgeschlossen, der nur wenige Durchgänge aufwies und somit gut verteidigt werden konnte. Da eine eigentliche, rundum laufende Stadtmauer fehlte, waren die Dörfer in Friedenszeiten offen, konnten aber im Kriegsfall rasch in wirksame Bollwerke umgewandelt werden. Weit weniger Aufmerksamkeit schenkte man in dieser von militärischen Kriterien beherrschten Architektur den Sakralbauten. Die Kirchen von Nicola, Ortonovo, Vezzano Superiore und Vezzano Inferiore sind Schöpfungen des 17. und 18. Jahrhunderts und liegen außerhalb des mittelalterlichen Kerns. Besonders eindrücklich ist das System der konzentrischen Kreise in Vezzano, der Hochburg des Bischofs von Luni und später der Familie Vezzano. Die ehemalige Garnison wurde 963 erstmals urkundlich erwähnt, ist aber wahrscheinlich viel älter. Auf eine erste Bauetappe (7.–10. Jahrhundert) geht die kreisförmige Burg zurück. Darum herum entstanden im 12. und 13. Jahrhundert das Dorf und der weithin sichtbare fünfeckige Wehrturm. Aus der gleichen Epoche stammen die kleine (später umgebaute) Kirche San Michele und die Kirche Santa Maria unweit des Friedhofs. Die Burg wurde bis ins 18. Jahrhundert mehrmals verändert und dient heute als herrschaftlicher Wohnsitz. Im Ort selbst findet man viele Beispiele einer typisch regionalen Architektur, die einerseits wirtschaftlichen Bedürfnissen Rechnung trägt, andererseits aber auch der Improvisation Spielraum läßt. Die mehrstöckigen Häuser haben zwei Eingänge (unten befinden sich die landwirtschaftlich genutzten Räume, oben die Wohnungen) und charakteristische gedeckte Terrassen, die als Tennen dienen. Ebenfalls mittelalterlichen Ursprungs ist Vezzano Inferiore, das aber eine einfachere Anlage hat. Die beiden Orte sind heute praktisch eine Einheit, vor allem weil sie das dazwischenliegende jüngere Mitiliano (Rathaus und andere öffentliche Bauten) verbindet.

S. 228/229
178 *Mündung und Schwemmlandebene des Magra-Flusses. Am linken Flußufer der Badeort Fiumaretta, am rechten Ufer Bocca di Magra mit einem kleinen Bootshafen. Im Hintergrund rechts die Apuanischen Alpen, die Ligurien abschließen.*

179 *Nicola hoch über der Ebene von Luni.*

180 *Die Pfarrkirche San Lorenzo in Ortonovo. Links davon ein markanter Rundturm; er gehörte zu den Verteidigungsbauten der Stadt, die in beherrschender Lage errichtet wurde (Kontrollfunktion über die untere Lunigiana).*

181 Ameglia, in erhöhter Lage über dem Magra-Unterlauf, gehörte in römischer Zeit zu Portus Lunae. Heute ist es Zentrum einer Tourismusregion.

S. 234/235
182 Ruinen des Amphitheaters von Luni. Die 177 v. Chr. gegründete Stadt war zugleich Handelshafen und Militärbasis (Überwachung der ligurischen und toskanischen Küste). Doch Malaria und Verlandung führten dazu, daß Luni im 13. Jahrhundert endgültig aufgegeben wurde. Die Ausgrabungen haben bedeutende Baudenkmäler und Funde ans Licht gebracht. Zusammen mit andern Fundgegenständen aus der Gegend (zum Beispiel aus einer Patriziervilla in Bocca di Magra) sind diese im örtlichen Museum ausgestellt.

Wirtschaftlich-soziales Profil Liguriens

Zu Beginn der achtziger Jahre betrug der Anteil Liguriens an der Gesamtbevölkerung Italiens bzw. an der Gesamtzahl der Beschäftigten 3,2% und 3,5%. Gleichzeitig erwirtschaftete Ligurien 4,2% des italienischen Bruttoinlandproduktes, pro Kopf über 30% mehr als im Landesdurchschnitt. Der Anteil der verschiedenen Wirtschaftszweige am Gesamtertrag ist in Ligurien anders als im übrigen Italien. Die Gesamterwerbsquote ist inzwischen auf 32% gesunken, liegt damit tiefer als in andern italienischen Regionen. Auffallend ist vor allem der rückläufige Anteil der Industrie an der Wertschöpfung (ca. 32%). Die ligurische Wirtschaft stützt sich in erster Linie auf den Tertiärsektor, der mit 56% (Mittel- und Norditalien und Landesdurchschnitt 42%) alle andern Sektoren überflügelt. Allerdings wächst die Wertschöpfung auch in diesem Wirtschaftsbereich weniger rasch als anderswo in Italien. In den letzten Jahren ist die Zahl der Industriebeschäftigten um 6–7% auf rund 25% zurückgegangen, dafür ist sie im Tertiärsektor von 59,6% auf 65,9% (1981) gestiegen. Industriekrise und wirtschaftliche Stagnation hatten einen starken Bevölkerungsrückgang zur Folge. Zwischen den Volkszählungen von 1971 und 1981 ist die ligurische Bevölkerung um 54 000 Personen zurückgegangen. Für die Lage der Landwirtschaft stehen Daten des INEA (Istituto Nazionale di Economia Agraria), des ISTAT (Istituto Centrale di Statistica) und der Landwirtschaftsinspektorate der Provinz zur Verfügung. Daraus geht hervor, daß die landwirtschaftlich genutzte Fläche in den letzten 30 Jahren ständig zurückgegangen ist: 1951 betrug sie 482 179 ha (111 922 Betriebe), 1970 430 915 ha (91 371 Betriebe) und 1982 373 199 ha (81 198 Betriebe). Von diesen 81 198 Betrieben befanden sich 50 717 in der Hügelzone und 30 481 in der Bergzone. Ganze 257 600 ha der landwirtschaftlich genutzten Gesamtfläche wurden in der Bergzone bewirtschaftet, nur 115 599 ha hingegen in der Hügelzone. Seit den achtziger Jahren sind in Ligurien tiefgreifende Veränderungen im Gange. Konkrete Gesundschrumpfungsprogramme haben den Bausektor betroffen, den Bereich Steine und Erden, die Textil- und die Eisenindustrie und den Schiffbau.
Die mit den Häfen zusammenhängenden Wirtschaftsstrukturen durchlaufen gegenwärtig eine Phase radikaler Modernisierung, die viele Entlassungen und folglich große soziale Spannungen mit sich bringt. Auch im traditionellen Tertiärsektor führen Rationalisierungsprozesse zu erheblichen Schwierigkeiten. Für die kleinen und mittleren Unternehmer besteht die Herausforderung vor allem darin, ihre Wettbewerbsfähigkeit durch entsprechende Maßnahmen zu fördern.
Trotzdem treffen auf die wirtschaftliche Situation im Ligurien der achtziger Jahre nicht einfach Schlagwörter wie «Krise», «strukturelle Mängel» usw. zu, sondern viel eher «Umstrukturierung», «Vielschichtigkeit», «Veränderung». Seit der zweiten Hälfte der siebziger Jahre sind in Ligurien nämlich Mittel- und Hochtechnologie im Aufschwung. Die Computertechnik hat die Automatisierung und grundlegende Modernisierung aller Produktivsektoren erlaubt, und die immer engere Verflechtung von Maschinenbau und Elektronik findet gerade in Ligurien optimale Entwicklungsbedingungen, so daß sich unter diesem Gesichtspunkt sehr gute Zukunftsaussichten ergeben.
Nicht zufällig hat das IRI (Istituto per la Ricostruzione Industriale) beschlossen, das Projekt seiner «automatischen Fabrik» in Ligurien zu verwirklichen.
Einen weiteren Pluspunkt stellt das hohe Niveau der Fachleute dar: Die Wirtschaft kann auf ein großes Reservoir von Facharbeitern und hochqualifizierten Technikern zurückgreifen. Da Ligurien eine alte Handels- und Industrietradition hat, ist Kaderkontinuität auch in diesem Bereich gewährleistet.
Umwelt, Geschichte, Kultur und geographische Gegebenheiten bilden zusammen mit den bereits vorhandenen Dienstleistungsstrukturen eine gute Grundlage für den Ausbau des Tourismus und die Schaffung neuer Arbeitsplätze.
Die Region Ligurien verzeichnet nicht nur das höchste Pro-Kopf-Einkommen Italiens, sie hat auch einen der intensivsten Umstrukturierungsprozesse Italiens, vielleicht gar Europas durchgemacht. Dadurch ist der Bedarf an Technikern, Managern und Informatikern ungeheuer gestiegen, was auch die Studentenzahlen an den technischen Fakultäten der Universität Genua belegen.
Ligurien hat es verstanden, das in den traditionellen Wirtschaftszweigen wie Kernenergie, Rüstungsindustrie, Schiffbau und Anlagentechnik reich vorhandene Know-how in die Umstrukturierung einzubeziehen.
Wichtige öffentliche und private Firmensitze, über 50 Banken und die spezialisierte Landwirtschaft der Riviera di Ponente mit ihren Vermarktungszentren (Blumenmarkt in San Remo) garantieren der Region eine leistungsfähige Infrastruktur. Dazu kommen entscheidende landschaftliche Vorzüge, etwa die

tourismusfördernde Verbindung von Bergen und Meer oder die grünen Täler des Hinterlandes mit ihren traditionsreichen Orten.
Im Außenhandel gehört Ligurien zu den aktivsten italienischen Regionen. Dazu tragen die Häfen von Genua, Savona und La Spezia bei (sie bilden zusammen den größten Mittelmeerhafen) und natürlich auch die günstige geographische Lage (in einem Umkreis von 400 km können 45 Millionen Menschen im mitteleuropäischen Raum oder im Einzugsgebiet des Mittelmeers erreicht werden). Ligurien hat auch gute Flugverbindungen: Genuas «Cristoforo Colombo» ist der modernste italienische Flughafen, während sich Albenga als Tourismus- und Frachtflughafen profiliert.
Trotz positiver Umstrukturierungen hat Ligurien noch mit vielen wirtschaftlichen Schwierigkeiten zu kämpfen; man darf auch keinesfalls vergessen, daß Ligurien keine homogene Region ist, sondern sich aus ganz verschiedenen Wirtschaftssystemen zusammensetzt. Die Zukunft dieser widersprüchlichen Region liegt aber bestimmt in Umstrukturierung und Entwicklung, die auf Pluralität (verschiedene Häfen, Tourismus, Industrie und spezialisierte Landwirtschaft) und nicht auf Getrenntheit beruhen. An der Schwelle zum dritten Jahrtausend ist die Welt dabei, ihre Wurzeln wiederzuentdecken: Jene der Ligurer sind vorrömisch, ja vorhomerisch.
Erdgeschichtliche Entwicklungen haben in Ligurien die Orientierung auf das Meer gefördert. Das karge Land mit seinen unwegsamen Tälern hat die Bewohner von jeher gezwungen, Einfallsreichtum zu beweisen, sei es im Handel oder in der Seefahrt.
Die Seerepublik Genua wurde schon vor dem Jahre 1000 zur Karawanserei des alten Europa, so daß weithin das Wort galt: Genuensis, ergo mercator. Genuesisches Geld hatte weltweit Kaufkraft. Die «Banco di San Giorgio» finanzierte gegen Ende des 15. Jahrhunderts die Könige von England und Frankreich. Genuas einstige Macht kommt noch immer im größten historischen Stadtkern Europas zum Ausdruck. Genueser Handwerker, Kaufleute, Bankiers, Unternehmer und Politiker machten Karriere in Nord- und Südamerika. Die Unternehmer-Dynastien Piaggio, Ansaldo und Perroni begründeten den italienischen Kapitalismus. Ligurien hat nicht zuletzt auch Nobelpreisträger hervorgebracht: Natta, Dulbecco und Montale.

Der Schönheit der Küste von Bordighera bis Lerici, dem Zauber der farbigen Häuser von Camogli und Portofino, dem herben Geschmack des pesto und der ursprünglichen Gastfreundschaft Liguriens sind Byron, Shelley und Millionen andere Menschen verfallen.

Verzeichnis der Abbildungen

Die Nummern beziehen sich auf die Abbildungen

Alassio	75, 76, 77
Albenga:	
Baptisterium	67
Dom San Michele	65
Hinterland	68, 69, 70
Kirche Santa Maria in Fontibus	62
Ameglia	181
Apricale	109
Arroscia-Tal	83, 84
Babalucco: Pfarrkirche	96
Bussana	97
Cairo Montenotte: Montedison	49
Camogli	140, 141, 142
Capo Mele	78
Ceriana: Ansicht	98
Karfreitagsprozession	99, 100, 101, 102
Cervo	92, 93, 94
Chiavari:	118
«Carrugio dritto»	124, 125, 126
Cinqueterre	163, 164
Cisano am Neva-Fluß	71
Corniglia	165, 166
Cornigliano Campi	42
Dolceacqua	107
Fiascherino	173
Finalborgo:	56
Kollegiatskirche San Biagio	57
Finale Ligure	58, 59
Gallinara (Insel)	74
Genua: Ansaldo	40, 41
Castello-Hügel	17
Fest des hl. Johannes	28
Friedhof Staglieno	37, 38, 39
Güterbahnhof	11
Hafen	5, 6, 7, 8, 9, 10
Kirche Sant' Agostino	16
Kirche San Lorenzo	24, 25, 26, 27
Palazzo Bianco	12, 30, 31
Palazzo Doria Pamphily	34, 35, 36
Palazzo Reale (Königspalast)	32, 33
Palazzo Rosso (Innenräume)	13, 14, 15
Palazzo di San Giorgio	18, 19
Piazza Banchi	21
Piazza Corvetto	4
Piazza San Matteo	22, 23
Stadtansichten	2, 29
Wohnhäuser	3
Wohnviertel	20
Imperia:	88, 89, 90, 91
Via Aurelia	87
Laigueglia	79, 80
La Spezia:	150
Arsenal	152
Hafen	153
Piazza Verdi	151
Lerici (Ansicht)	175
Luni: Amphitheater	182
Madonna delle Grazie (Wallfahrtskirche)	131, 132, 133
Magra (Schwemmlandebene und Flußmündung)	178
Manarola	167, 168
Monterosso: Architektur	158, 159, 160
Friedhof	157
Strand	155, 156
Wallfahrtskirche Madonna di Saviore	154
Mortola: Villa Hanbury	114, 115, 116
Nicola	179
Noli: Altstadt	50, 51, 52
Einholen der Netze	53, 54
Kirche San Paragorio	55
Oneglia	86
Ortonovo: Pfarrkirche San Lorenzo	180
Ospedaletti: Kasino	105
Palmaria (Insel)	171
Perti: Kirche Nostra Signora di Loreto	60
Pieve di Teco: Kathedrale	81, 82
Portofino	134, 135
Portovenere: Kirche San Lorenzo	172
Radrennsport: das Rennen Mailand–San Remo	85
Rapallo	119, 120
Riomaggiore:	169

Kirche San Giovanni Battista	170
Rocchetta Nervina	108
San Fruttuoso:	136
Grablege der Doria	137, 138, 139
Santa Margherita: Villa Durazzo Centurione	121, 122, 123
San Remo:	103, 104
Russisch-orthodoxe Kirche	106
San Salvatore dei Fieschi: Basilika	1, 127, 128, 129, 130
Sarzanello: Festung	176, 177
Savona: Brandale-Turm	45, 46
Festung Priamàr	47, 48
Hafenbecken	43
Platz in der Altstadt	44
Scurtabò: Kirche	143, 144
Tellaro	174
Tigullio (Golf)	117
Triora	95
Varese Ligure	145, 146, 147
Varigotti	61
Ventimiglia: Altstadt	110, 111, 112
Römisches Theater	113
Vernazza:	162
Kirche Santa Margherita d'Antiochia	161
Zoagli	148, 149
Zuccarello	72, 73

Bildnachweis:
Die Fotos stammen von Giovanni Chiaramonte (1, 7, 8, 9, 10, 11, 18, 19, 24, 25, 26, 27, 28, 34, 35, 36, 37, 38, 39, 47, 48, 49, 117–152, 154–171, 173–182), Toni Nicolini (2, 3, 4, 6, 12, 13, 14, 15, 16, 20, 21, 22, 23, 29, 30, 31, 32, 33, 43, 44, 45, 46, 50–116, 153, 172) und Gianni Berengo Gardin (5, 17, 40, 41, 42).